Horst Grewer / Michael Thürnau

Das große Lexikon der Volksmusik

Horst Grewer Michael Thürnau

DAS GROSSE LEXIKON DER VOLKSMUSIK

Verlag Michael Jung
Kiel

1. Auflage 1996

Gesamtherstellung: Hans Kock Buch- und Offsetdruck GmbH, Bielefeld
ISBN 3-929595-31-8

Vorwort

Liebe Freunde der Volksmusik,

die Buchmesse in Frankfurt im vergangenen Jahr war wieder eine Show der Superlative. Rund 70.000 Neuerscheinungen wurden am Main vorgestellt. Belletristik für jeden Geschmack. Ratgeber für jeden Lebensbereich. Ein Standardwerk für Volksmusik-Profis und für die vielen Freunde der Volksmusik in Stadt und Land aber gab es bisher nicht.
Aus diesem Grunde haben zwei Kenner der Branche, die beiden Journalisten Horst Grewer aus Hamburg und Michael Thürnau aus Hannover, für das erste „Große Lexikon der Volksmusik" Informationen und Fakten über alle wichtigen volkstümlichen Stars zusammengetragen, die einen gewissen Bekanntheitsgrad haben und im deutschsprachigen Raum tonangebend sind. Nicht der Anspruch der Vollkommenheit stand im Vordergrund der Recherchen, sondern das Anliegen, dem Wunsche vieler Menschen zu entsprechen, ein erstes umfassendes Nachschlagewerk der Volksmusik mit zahlreichen Fotos und den wichtigsten Anschriften zusammenzustellen. Das dies gelungen ist, dafür danke ich den beiden Autoren.

Michael Jung

Horst Grewer

Journalist, Jahrgang 1944, berichtet seit 30 Jahren über das deutsche und internationale Showgeschäft. Seit 1985 insbesondere über die volkstümliche deutschsprachige Schlagerszene. 1989 hat er die Idee zu dem großen Fernseh-Preis *„Edelweiß“*, mit dem die bekannte Zeitschrift *FRAU IM SPIEGEL*, für die er seit 1985 arbeitet, und der Fernsehsender SAT.1 so erfolgreiche Künstler wie *Heino, Ernst Mosch, Vico Torriani* und Kammersänger *René Kollo* mit dem Volksmusikpreis *„Edelweiß“* auszeichnen. Für diese Sendung textet er 1993 das Umweltlied *„Wir wollen eine heile Welt“*. Weitere Titel schreibt er für das *Medium Terzett*, für das *Heimat-Duo* und für *Peter Sebastian*.

Michael Thürnau

Jahrgang 1963, ist Journalist und kommt durch seine Rundfunksendungen zur Volksmusik. Bei *NDR 1 – Radio Niedersachsen* präsentiert er Radio-Shows mit vorwiegend deutschsprachiger Musik. Außerdem arbeitet Michael Thürnau seit Jahren für viele Volksmusik-Stars, zum Beispiel für die *Kastelruther Spatzen* oder *Marianne & Michael.* Als Moderator ist er auch auf Tournee. Der Volksmusik-Experte ist Mitglied in der Jury zum *„Grand Prix der Volksmusik“*, die jährlich aus tausenden von Einsendungen die 15 Titel zur deutschen Vorentscheidung auswählt.

Albrecht, Gaby

kommt als *Gabriele Müller* am 1. November 1956 in Magdeburg zur Welt. Ihren Namen *„Albrecht“* bekommt sie durch die Hochzeit mit ihrem Manager *Ernst Albrecht.* Den Grundstein für ihre Karriere legt A. in der Kindheit. Mit acht Jahren steht sie im Kinderkabarett auf der Bühne und singt in mehreren Chören. Nach der Schule studiert A. Gesang und Gesangspädagogik. Anfangs als Sängerin in einer Amateurband wechselt sie später in das bekannte „Tanz- und Unterhaltungsorchester Magdeburg“. Der Durchbruch gelingt ihr 1989 beim *Herbert-Roth-Festival* in Suhl. Hitproduzent *Bernd Meinunger* verhilft der Sängerin mit der markanten Alt-Stimme zum Karrierestart im vereinigten Deutschland. Durch Lieder wie *„Irgendwann“* und *„Das Lied meiner Berge“* erobert sich A. viele Fans. Mehrfach vertritt sie Deutschland beim *„Grand Prix der Volksmusik“* mit Liedern wie *„Zauberberg“*. A. lebt mit Ehemann *Ernst* und Sohn *Jens* heute in Niedersachsen.

Kontaktadresse:
Künstlermedia
Heinrich-Kahn-Str. 7
89150 Laichingen

Alex & Micha

Die beiden Künstler aus Bayern treten erst seit 1989 auf, sie zählen jedoch heute zu den führenden Männerduos in Deutschland. *Alex*, geboren am 12. Februar 1972 in Grafenau, heißt mit vollem Namen *Alexander-Heinz Schneider.* Sein Partner *Micha* heißt *Michael Auer*, stammt aus Mühldorf am Inn und wird am 5. Oktober 1958 geboren. Zu ihren erfolgreichsten Titeln zählen *„Ich bin stolz, ein Bayer zu sein"* und *„Die Musi muß vom Herrgott sein"*.

Kontaktadresse:
Premium Konzert
Postfach 1222
85422 Erding

Alexander, Peter

bürgerlicher Name *Peter Alexander Neumayer*, wird am 30. Juni 1926 in Wien geboren. Schon als Fünfjähriger kommt der Sohn eines Bankrates zu den weltberühmten Wiener Sängerknaben, mit 15 lernt er als Autodidakt das Klavierspielen. Er besucht das humanistische Gymnasium in Wien und legt 1944 in Znaim (Böhmen) ein Notabitur ab. Dann wird er, wie viele seiner Landsleute, Marinesoldat. Und die werden Zeugen seiner Talente, als er sich einer Laienspielschar anschließt.
Nach der Entlassung aus englischer Kriegsgefangenschaft beginnt A. für kurze Zeit ein Medizinstudium in Wien und wechselt dann an das *Max-Reinhardt-Seminar*, die Akademie für Musik und darstellende Kunst.
Damit legt er den Grundstein zu einer Bilderbuch-Karriere: Dem ersten Engagement 1948 am Wiener Bürgertheater folgen weitere bis zum Wiener Stadt-Theater. 1951 veröffentlicht A. seine erste Schallplatte und gewinnt zwei Jahre später in München den Wettbewerb *„Bella Musica"*. 1952 startet der Sänger (*„Der letzte Walzer"*, *„Die kleine Kneipe"*) eine zweite Karriere als Filmschauspieler (*„Charley's Tante"*) und wirkt in über 50 Filmen mit. Noch im gleichen Jahr sehen ihn die Österreicher als Quizmaster beim ORF. Und auch im Deutschen Fernsehen feiert A. große Erfolge mit über 600 Auftritten. Krönung die-

ser Arbeit sind seine eigenen *„Peter-Alexander-Shows“* im ZDF. 1974 erreicht er mit seiner Show eine Einschaltquote von 66 % und wird von seinen Fans *„Peter der Große“* genannt.

Der Künstler, der als Publikumsliebling vielfach ausgezeichnet wird, ist seit 1952 mit der ehemaligen Schauspielerin *Hilde Haagen* verheiratet, die ihn auch managt. Das Paar hat zwei Kinder. *Susanne* (geb. 1958) studierte Kunstgeschichte, Sohn *Michael* (geb. 1965) ist im Bankwesen tätig.

Kontaktadresse:
BMG Ariola
Hörselbergstraße 5
81677 München

Almer, Margret

wird an einem 13. Juli in der Steiermark geboren. Durch ihre Eltern und Geschwister bekommt A. schon früh Kontakt zur Musik. Die Familie tourt jahrelang als Oberkrainer-Formation mit zwei Sängerinnen durch Österreich. A. lernt Klarinette, Saxophon und Klavier, bevor sie im Alter von 17 Jahren die Wahl zur „Miß Ost-Steiermark" gewinnt. Als „jodelndes Model" wird sie daraufhin für die Bühne entdeckt. An der Hochschule für Gesang in Graz verbessert A. ihre Jodeltechnik. In Österreich gewinnt sie 1991 die *„Krone der Volksmusik"*. Hauptberuflich ist sie bei der Post in Graz beschäftigt.

Kontaktadresse:
Montana
Königinstr. 121
80802 München

Alpenland Quintett, Original wird 1974 in Österreich gegründet. Die fünf Musiker, die insgesamt 20 Instrumente beherrschen, entwickeln innerhalb der ersten Jahre einen typischen Sound und mischen moderne Elemente mit Volksmusik. Berühmt ist das *Original Alpenland Quintett* durch seine Live-Shows, in denen das Musikprogramm rund um den Komiker *Sepp Silberberger* gebaut wird. Erfolgreich sind Titel wie *„Ist das ein Sauladen hier"* oder *„Der Alpenrap"*. Die Titel des *Alpenland Quintetts* werden mit 19 Goldenen Platten ausgezeichnet. Die erfolgreichen Musikanten leben heute in der Schweiz.

Kontaktadresse:
Koch International
Hermann-Schmid-Str. 10
80336 München

Alpenoberkrainer
Auch: Alpski Kvintet

das sind: Die Sängerin *Ivanka Krasevec-Presern*, eine gelernte Damenschneiderin, *Ivan Presern*, der Trompeter und studierte Musiker, *Janez Per*, der gelernte Dreher, am Baritonhorn, *Vincenc Sitar* (Dreher und Musikant) an der Klarinette, *Edi Semeja*, ehemals Maschinentechniker, am Akkordeon und *Jose Antonic*, Gitarre und Gesang, der die *Alpenoberkrainer* auch leitet. Angeregt durch die schönen heimatlichen Klänge und durch den großen Erfolg von *Slavko Avsenik* produzieren die Musiker auf eigene Kosten ihre erste Singleplatte. Mit eigenen Texten und Kompositionen, für die *Ivan Presern* und *Joze Antonic* verantwortlich zeichnen, haben die *„Alpenoberkrainer“* ihren eigenen, unverwechselbaren Sound gefunden.

Kontaktadresse:
Inngasse 6/1
A-6330 Kufstein/Tirol

Alpenrebellen

Die Gruppe wird 1992 im obersteirischen Ort Eisenerz gegründet. Die sieben Musiker haben vorher ein Jahrzehnt lang Erfahrungen in anderen Formationen gesammelt. Absicht der *Alpenrebellen* ist es, die „Volksmusik aus der Lederhosen-Ecke“ zu holen. Ihre erste Produktion *„Wir san fesche Steirer“* findet viele junge Fans.
1994 schreibt *Hanneliese Kreißl-Wurth* für sie den Titel *„Die Leut' am Land“*, mit dem sie den dritten Platz beim *„Grand Prix der Volksmusik“* erreichen.

Kontaktadresse:
Medien-Telegramm
Königinstr. 121
80802 München

Alpensextett Terenten

15 Jahre ist es her, daß der Name *Alpensextett* zum ersten Mal bei einer Tanzveranstaltung erwähnt wird. Inzwischen ist die Gruppe eine der gefragtesten und beliebtesten Tanzkapellen Südtirols. Die Gruppe wird von *Herbert Engl* und einigen Freunden im Ferienparadies Terenten im Pustertal gegründet. Der erste Erfolg der Musiker ist der Titel *„Katharina, i mog Di"*, der zu einem Evergreen der Volksmusik wird und inzwischen auch zum Repertoire der *Kastelruther Spatzen* gehört. Durch dieses Lied und durch den Sieg in der *„ARD-Hitparade der Volksmusik"* mit *„Madl, i hob mi verschaut in Di"* werden die Musiker aus Südtirol auch in Deutschland bekannt. Der frühere Sänger und Gitarrist der Gruppe, *Andreas Fulterer*, ist heute Mitglied der *Kastelruther Spatzen*.

Kontaktadresse:
Herbert Engl
Sonnenstr. 22
I-39030 Terenten,
Südtirol/ Italien

Alpentrio Tirol

das sind *Georg Astenwald*, am 27. März 1948 in Innsbruck geboren, *Richard Geir*, am 1. Oktober 1948 in Navis geboren, und Benjamin *Mario Wolf*, am 13. Juni 1965 ebenfalls in der Tiroler Metropole geboren. Er kommt 1986 dazu. Seit 1994 wird das Trio von *Christoph Partscheller* verstärkt.
Die Geschichte des Trios beginnt 1983, als *Georg Astenwald* und *Richard Geir* mit einem dritten Kollegen als musikalische Botschafter des heimischen Fremdenverkehrsverbandes Tirol durch die Welt ziehen. Sie sollen ihre Zuhörer nicht nur unterhalten, sondern mit ihrer Musik auch davon überzeugen, daß gestreßte Menschen sich in ihrer schönen österreichischen Heimat bestens erholen können. Acht Jahre später werden aus den Hobby-Musikern ganz erfolgreiche Profis.
Am 6. Juli 1991 gewinnt das *Alpentrio Tirol mit seinem Titel „Hast a bisserl Zeit für mi?“* den *„Grand Prix der Volksmusik“* in Innsbruck.

Kontaktadresse:
Koch International
Hermann-Schmid-Str. 10
80336 München

Alpina, Marc

Der Komponist, Texter und Produzent wird am 13. August 1967 in Aschaffenburg geboren. In Oberursel besucht er mit sechs Jahren die Musikschule und lernt in der Folgezeit sein musikalisches Handwerk. Unter dem Namen *„Andreas“* nimmt er 1988 die Platte *„Da war etwas in Deinen Augen“* auf, die ihm erste Erfolge bringt. 1992 lernt er den Musiker *Rüdiger kennen, mit dem er die Gruppe „Duo Treibsand“* (im Foto links) gründet. Seit 1992 schreibt A. erfolgreich Texte für andere Interpreten, zum Beispiel für *Maria & Margot Hellwig* oder das Trompetentrio *Stappert*, das mit seinem Lied *„Wenn der Norden erwacht“* 1995 im ZDF *„Die volkstümliche Hitparade“* gewinnt.

Kontaktadresse:
Postfach 1152
63840 Hausen

Alsterspatzen, Hamburger

Kontaktadresse:
Jürgen Luhn
Auf der Koppel 16
21521 Aumühle

1975 von *Jürgen Luhn* als Kinderchor der Hamburgischen Staatsoper gegründet, singen und spielen die Mitglieder in bekannten Opern wie *„Hänsel und Gretel"*, *„Rosenkavalier"* oder *„Tosca"*.
Das bekannte Ensemble besteht aus einem Hauptchor mit etwa 100 Mitgliedern und einzelnen Vorgruppen, die je nach Alter und Reifegrad eingesetzt werden. Das Eintrittsalter der sogenannten *Jung-Alsterspatzen* liegt zwischen acht und zehn Jahren. Im Laufe ihrer 20jährigen Geschichte sind die kleinen Meistersinger, die auch bei internationalen Chorwettbewerben auf dem Siegertreppchen stehen, weit über die hamburgischen Grenzen hinaus bekannt geworden. Mit dazu beigetragen hat ihr großes volkstümliches Repertoire von bekannten Volksliedern, plattdeutschen Titeln, Shanties und Seemannsliedern. So treten sie u.a. mit *Freddy Quinn, Heidi Kabel, Peter Alexander* und *Mireille Matthieu* auf. Und sie haben im Ausland als musikalische Botschafter ihre Auftritte.

Andersen, Lale

wird als *Liselotte Helene Bunnenberg* am 23. März 1908 in Bremerhaven geboren - und schnuppert schon als kleines Mädchen die würzige Seeluft, denn der Vater ist Schiffssteward. Sie erhält bei *H. Boehme* in Bremen und an der Schauspielschule des *Deutschen Theaters* in Berlin eine fundierte Ausbildung und beginnt ihre Bühnenlaufbahn 1931 als *„Peggy“* in *Somerset Maughams „Muß die Kuh Milch geben“*.
Ihre eindrucksvolle tiefe Stimme aber, mit der sie das Lied *„Lili Marleen“* für den deutschen Soldatensender Belgrad interpretiert, macht die Chansonsängerin über Nacht international bekannt. Das Lied, das später um die Welt geht, wird in über 50 Spielfilmen von so namhaften Künstlern wie *Marlene Dietrich, Bing Crosby, Jean-Claude Pascal* und *Freddy Quinn* dargeboten.
In den Nachkriegsjahren erleben ihre Fans die beliebte norddeutsche Künstlerin im Fernsehen (*„Haifischbar“*) aber auch auf großen Gastspielreisen. Ihre bekanntesten Songs heißen *„Unter der roten Laterne von St. Pauli“*, *„Blaue Nacht am Hafen“* (1949) und - zehn Jahre später - *„Ein Schiff wird kommen“*.
A. wird nur 64 Jahre alt. Sie stirbt am 29. August 1972 in einer Wiener Privatklinik an Herzversagen.

Andrea & Manuela

Die Schwestern kommen in Schleiz in Thüringen zur Welt. *Manuela* wird am 21. Dezember 1965 geboren, ihre jüngere Schwester *Andrea* am 21. März 1967. Nachdem ihre Großeltern ihnen ein Akkordeon schenken, machen die beiden eine Gesangs- und Akkordeon- sowie Gitarrenausbildung. Nach ersten Auftritten in verschiedenen Heimatgruppen werden sie von *Eberhard Hertel* entdeckt. Mit ihren Liedern sind die musikalischen Schwestern zu Gast in allen Volksmusik-Sendungen. *Manuela Wolf* ist inzwischen auch Fernsehmoderatorin. Gemeinsam mit *Reinhard Mirmseker* präsentiert sie die *„Wernersgrüner Musikantenschenke"* beim MDR.

Kontaktadresse:
Quergasse 31
07907 Schleiz

Andy & Bernd

Die Brüder *Bernd* (geboren am 4. Juli 1967 in Lörrach) und *Andreas Hocevar* (geboren am 4. August 1971 in Lörrach im Schwarzwald) erhalten schon als Kinder Gesangs- und Stimmbildungsunterricht. Erste Erfahrungen sammeln die beiden im Kinderchor, im Spielmannszug und in einem Musikverein. Dort spielen sie Saxophon und Klarinette. Während *Bernd* in den 70er Jahren eine Musikhochschule besucht, haut *Andreas* am Schlagzeug auf die Pauke. Seit 1981 treten die beiden gemeinsam öffentlich auf.

Der Erfolg kommt aber erst, als sie acht Jahre später den Erfolgsproduzenten *Christian Bruhn* treffen, der mit ihnen den Titel *„Die Süße aus dem Sauerland"* produziert, mit dem sie 1990 bei der deutschen Vorentscheidung zum *„Grand Prix der Volksmusik"* erfolgreich teilnehmen; weitere Erfolgstitel sind der Ohrwurm *„Bussi Bussi"* und *„Das Mädchen unter'm Regenschirm"*.

Kontaktadresse:
ABA-Programm
Karlsruher Straße 14/2
76307 Karlsbad

Arland, Henry

wird am 2. September 1945 in Planegg bei München als *Heinz Mühlbauer* geboren. Sein Vater ist der Komponist *Rolf Arland*, der unter anderem den Hit *„Ganz in weiß"* für *Roy Black* geschrieben hat.
A. bekommt so früh Kontakt zur Musik. Unter allen Instrumenten entscheidet er sich für die Klarinette und entwickelt auf diesem Instrument einen eigenen, unverwechselbaren Klang. Seine erste Platte *„Mamatschi, schenk mir ein Pferdchen"* nimmt A. 1964 auf und hat im gleichen Jahr seinen ersten Fernsehauftritt. A. macht an der Hochschule für Musik sein Staatsexamen und wird zunächst Lehrer, später Leiter der Musikschule in Prien am Chiemsee. Nebenbei widmet er sich weiter seiner Karriere als Solo-Klarinettist. Mehrfach nimmt er an Wettbewerben teil, zum Beispiel am *„Grand Prix der Volksmusik"*. Seinen Durchbruch schafft er 1993, als er mit der *„Rosenmelodie"* die *„Volkstümliche Hitparade"* bei *Carolin Reiber* gewinnt. Daß musikalisches Talent vererbbar ist, zeigen die beiden Kinder von A.: Seine Söhne *Hansi & Maxi* stehen bei dem Hitparadensieg mit auf der Bühne und begleiten A. mit Keyboard und Klarinette. Ein Jahr später gewinnt das Trio mit *„Echo der Berge"* den *„Grand Prix der Volksmusik"*.

Kontaktadresse:
Ludwigstr. 9
83112 Wildenwart

Astor, Tom

wird am 27. Februar 1943 in Schmallenberg im Sauerland geboren. Er schreibt zunächst Lieder für Fernfahrer. Neben den deutschen Versionen amerikanischer Country-Klassiker singt er später auch eigene Lieder. 1984 präsentiert er sein Lied *„Hallo, guten Morgen Deutschland“*, mit dem er alle deutschen Hitparaden gewinnt. Nach dem Fall der Berliner Mauer wird dieses Lied neu aufgelegt und der erste gesamtdeutsche Hit. 1990 schreibt und interpretiert A. *„Junger Adler“*, ein Lied über das Erwachsenwerden. *„Junger Adler“* wird ein Wunschkonzert-Hit, der sogar die Jahreswertung der *ZDF-Hitparade* gewinnt. A., der in seinem Studio in Schmallenberg auch Nachwuchsinterpreten produziert, erfüllt sich 1995 einen Traum, als er in der amerikanischen Country-Hochburg Nashville eine Platte gemeinsam mit Stars wie *Willie Nelson* aufnimmt. Weitere Erfolge von A. sind *„Freunde“* oder *„Ich bin kein Dichter, kein Poet“*.

Kontaktadresse:
Bahnhofstraße 44
57392 Schmallenberg

Avsenik, Slavko

wird am 6. November 1930 in Begunje bei Oberkrain in Slowenien geboren. Schon während der Hauptschule unterhält der gerade Siebenjährige die Gäste im Wirtshaus seiner Eltern mit der Ziehharmonika.
16 Jahre später tritt er mit dem Gitarristen *Leo Ponikvar* als Duo auf, aus dem dann 1955 mit *Nicolay Soss* und *Albin Rudan* das *„Gorenjski Kwintett"* entsteht. Als nun noch das Gesangs-Trio mit *Alfi Nipic*, *Ema Prodnik-Rudan* und *Josica Sirka-Svete* als Verstärkung anrückt, beginnt der musikalische Siegeszug der Gruppe. Bald schon kann man den *„original Oberkrainer Sound"*, von A. meisterhaft arrangiert, bei Radio Ljubljana und Radio Klagenfurth hören. Mit der Polka *„Das Trompetenecho"* erobern die lustigen Musikanten aus Slowenien ab 1955 auch die deutschen Rundfunksender. Eine Melodie, die längst ein Evergreen ist.
Mit über 500 Kompositionen und fast 30 Millionen verkaufter Tonträger und vielen tausend Konzerten im In- und Ausland machen *„Slavko Avsenik und die Original Oberkrainer"* Weltkarriere.
Neben vielen Schallplattenpreisen (30 Goldene) erhält A. 1973 die *„Goldmedaille der Volksmusik"*, 1980 die *„Goldene Rose"* als erfolgreichster Komponist in Österreich und 1989 in Berlin den „Oscar der Volksmusik", das *„Edelweiß"*.
A. ist mit Frau *Brigitte* verheiratet und hat drei Söhne: *Slavko jr.*, der ebenfalls Musik studiert hat, *Martin* und *Gregor*.

Kontaktadresse:
Avsenik Musik
Postfach 11 10
93150 Nittendorf

Bachler Buam

Die Gruppe wird 1969 in Sulzbach bei Maria Neustift in Österreich als *„Sulzbachler Buam"* gegründet. Die Gründungsmitglieder sind Musiker des örtlichen Musikvereins, die bei Bällen und Hochzeiten zum Tanz aufspielen. Fans verkürzen den Namen *„Sulzbachler Buam"* bald auf *„Bachler Buam"*. Heute gehören sie, die mit Sängerin *Evelin Trautner* inzwischen auch eine Frau in ihren Reihen haben, zu den erfolgreichsten Gruppen in Österreich. Wie die *Zillertaler Schürzenjäger* setzen sie neue Trends, als sie bereits 1986 rockige Elemente mit Volksmusik mischen, zum Beispiel bei dem Titel *„Pinguin im Kühlschrank"*. Ihre Erfolgstitel wie *„Veronika, i bleib heut' Nacht bei Dir"* oder *„Resi, i hol di mit mein Traktor ab"* erhalten insgesamt drei Goldene und einmal Platin.

Kontaktadresse:
Karl Hochbichler
Magdalenaberg 108
A-4643 Pettenbach

Bachmann, Karin

Die österreichische Sängerin wird am 6. Juli 1960 in Leins im Pitztal geboren. Ihre Eltern legen den Grundstein zu ihrer Karriere, indem sie mit Hausmusik das musikalische Interesse wecken. Mit ihrer Schwester *Gabi* gründet B. 1986 das Duo *„Tiroler Nachtigall'n"*, das später in *„Pitztaler Nachtigall'n"* umbenannt wird. 1988 gewinnt B. mit ihrer Schwester den zweiten Platz beim *„Grand-Prix der Volksmusik"*. Ihr Beitrag *„A richtiger Mann"* muß sich von dem Titel *„Patrona Bavariae"* vom *Original Naabtal Duo* geschlagen geben. 1993 trennen sich die *„Pitztaler Nachtigall'n"* im Streit.

B. macht als Solosägerin weiter und hat mit ihrem Lied *„Ein Fest der Liebe"* einen ersten Hit.

Kontaktadresse:
Arzl 29
A-6471 Pitztal/Tirol/Österreich

Backhaus, Claus

Der Komponist und Produzent wird am 30. Mai 1939 in Perleberg geboren. Bei einem Privatlehrer lernt er klassische Violine, später Gitarre und Saxophon. B. wird Mitglied im Jugendkammerorchester. Nach seiner Zeit am Musikkonservatorium sammelt er ab 1957 Erfahrungen in verschiedenen Bands, bevor er 1963 Mitglied bei den *„Flippers“* wird. 1975 scheidet B. aus der Gruppe aus und setzt seine Arbeit als Produzent, Arrangeur, Komponist, Texter und Musikverleger fort. 1978 eröfffnet er in Mannheim ein Großraumtonstudio, in dem neben vielen Hits auch Film- und Fernsehmusiken und Werbespots entstehen. Seine Arbeit wird mit zehn Goldenen und einer Platin-Platte ausgezeichnet. 1992 entdeckt B. die Saarländerin *Mara Kayser* und schreibt für sie die Grand-Prix-Erfolge *„Via Mala“* und *„Glaube, Liebe, Hoffnung“*. Als Produzent widmet er sich auch *Vreni & Rudi* und *Géraldine Olivier*.

Kontaktadresse:
Tonstudio 2000
Seckenheimer Hauptstr. 2
68239 Mannheim

Baginsky, Gaby wird am 21. Februar 1954 in Salzbergen/Niedersachsen geboren. Sie ist gerade 16, als sie ihren ersten Titel *„Der kluge Mr. Edison“* der Öffentlichkeit vorstellt. Sie nimmt Gesangs- und Klavierunterricht und geht ins Ballett um zu tanzen. Mit dem Schlager *„Der Rum von Barbados“* ist sie bald in den bekannten Fernsehshows zu Gast: Bei *„Dalli-Dalli“* mit *Hans Rosenthal*, in der *„Hitparade“* mit *Dieter Thomas Heck*, bei *Heinz Schenk* im *„Blauen Bock“*. Als sie 1993 mit einem neuen Produzententeam zu arbeiten beginnt, erleben ihre Fans eine neue Sängerin. Mit flotten Titeln wie *„Wer hat Dir das Küssen beigebracht?“* und *„Wenn Du nicht verheiratet wärst“* erobert sie aufs neue ein großes Publikum. 1995 veröffentlicht sie ihr aktuelles Album mit einem Titel, der auch ihr Lebens-Motto ist: *„Ich liebe das Leben“*.
1994 heiratet B. in Las Vegas den Kaufmann *Manfred Knöpke*.

Kontaktadresse:
Postfach 12 51
48455 Bad Bentheim

Bauer, Alfons

wird am 13. Mai 1920 in München geboren. Schon als kleiner Junge interessiert er sich lebhaft für das Instrument mit den 42 Saiten. Er absolviert zwar eine Lehre als Mützenmacher, geht aber mit 15 an das Konservatorium in München, um Klavier zu studieren. Seine Pläne, der beste Zitherspieler zu werden, durchkreuzen erst einmal die Kriegsjahre. Doch schon 1953 hat B. fast eine Million der alten Schellack-Platten verkauft. Sein größter Erfolg: *„Das Kufsteiner Lied"*. B. ist einer der ersten Pioniere der volkstümlichen Musikszene und ist sich - allen Modetrends zum Trotz - immer treu geblieben.
B. ist seit 1968 in zweiter Ehe mit der ehemaligen Sängerin und Folklore-Tänzerin *Rita Fendt* verheiratet.

Kontaktadresse:
Königswieserstraße 16
82131 Gauting

Bauer, Otti und sein Musikanten Express

Die Gruppe wird 1990 vom Schlagzeuger *Otti Bauer* (Foto Mitte) in Franken gegründet. Alle sieben Musiker haben zuvor in anderen Orchestern gespielt und als Live-Musiker Erfahrungen gesammelt. Als Begleitband gehen sie gleich im ersten Jahr ihres Bestehens auf Tournee mit *Marianne & Michael* und den *„Lustigen Musikanten"*. Im Laufe der Zeit entwickelt sich der *Musikantenexpreß* zu einer der gefragtesten Begleitbands in Deutschland. 1993 werden die erfolgreichen Musiker vom ZDF entdeckt und als Begleitband für die erfolgreiche Fernsehshow *„Lustige Musikanten"* verpflichtet.

Kontaktadresse:
Künstlermedia
Heinrich-Kahn-Str. 27
89150 Laichingen

Bauer, Uschi

wird am 1. März in München geboren. Sie ist schon als Kind eine wahre Frohnatur und unterhält mit ihrem fröhlichen Gesang die Familie. Wen wundert es da, daß sie schon mit sieben Jahren in die Singschule geht und drei Jahre später mit dem Klavierunterricht beginnt.
Sie perfektioniert ihr Können am Konservatorium in München und erfüllt sich nach sechs Semestern ihren Jugendwunsch: Sie wird Sängerin im Chor von *Pete Best.*
Zunächst verdient sie ihr Geld noch als Stenotypistin und später als Chefsekretärin. Als sie aber nach einem volkstümlichen Wettbewerb ihren ersten Schallplattenvertrag erhält und ihr erstes Album mit dem Titel *„Ein Lied aus Tirol"* veröffentlicht, steht fest, daß die Musik ihr weiteres Leben bestimmen wird. Und so belegt die „Sängerin mit der fröhlichen Note" in den Jahren 1987 (*„Hand aufs Herz"*) und 1988 (*„I bin a Wetterfrosch"*) beim *„Grand Prix der Volksmusik"* gute Plätze. Bei Tourneen und Galas begeistert sie die Freunde der Volksmusik. In wichtigen Sendungen wie *„Lustige Musikanten"* (ZDF) beweist sie ihre Vielseitigkeit.
B. ist seit 24 Jahren mit dem ehemaligen Polizeibeamten *Victor Remmelt* verheiratet.

Kontaktadresse:
Sekretariat
Postfach 41
85248 Altomünster

Bayrische 7, Die

Traudl Müller gründet die Showband, die vor allem als Live-Gruppe beliebt ist. Mehrfach hat *Die Bayrische 7* Künstler auf großen Tourneen begleitet, z.B. *Die Wildekker Herzbuben, Geschwister Hofmann*. Der bislang größte Erfolg ist die Teilnahme am *„Grand Prix der Volksmusik"* 1989 mit dem Titel *„Dirndl Deandl"*. Bekannt sind auch Lieder wie *„Die 7 is a Glückszahl"*.

Kontaktadresse:
Künstlermedia
Heinrich-Kahn-Str. 27
89150 Laichingen

Becht, Erich

Der Komponist, Arrangeur und Orchesterleiter kommt am 21. Januar 1926 in Frankfurt am Main zur Welt. Als junger Mann wird B. 1948 Pianist und Arrangeur im Orchester von *Kurt Edelhagen*. Nach drei Jahren macht er sich selbständig und arbeitet als Arrangeur und Komponist, schreibt in der Folgezeit Dutzende von Hits, unter anderem fast alle Lieder für *Heino*. Mit ihm und dem Texter *Wolfgang Neukirchen* arbeitet B. unter dem Pseudonym *„Adolf von Klebsattel"*. Es entstehen Erfolge wie *„Mohikana Shalali"*, *„Karamba, Karacho, ein Whisky"* oder *„Wir lieben die Stürme"*. B. ist auch für andere Interpreten tätig, unter anderem für *Udo Jürgens, Caterina Valente, Willy Schneider, Astrid Harzbecker* oder die *Fischer-Chöre*. B. ist musikalischer Leiter der Volksmusik-Sendung *„Lustige Musikanten"*. Aus seiner Feder stammt auch das Lied *„So schön ist Volksmusik"*, die Titelmelodie des *„Grand-Prix der Volksmusik"*.

Beel, Bert

Er ist waschechter Berliner und kommt am 1. Dezember 1944 zur Welt. 1973 gewinnt er bei der *Funkausstellung in Berlin* den *„Talentschuppen“* des SWF. B. bildet sich neben der Musik auch in Tanz und Entertainment fort. Seinen Durchbruch schafft er als Stargast in den berühmten Shows des Friedrichstadt-Palastes in Ostberlin.
B. arbeitet auch als Radiomoderator beim *SFB* (*„Fröhliche Musikanten“*) und präsentiert 13 Folgen der DFF-Fernsehsendung *„Tusch“*. Mit der Berliner Sängerin *Stefanie Simon*, die er bei einer Funksendung im RIAS-Berlin trifft, bildet B. das Duo *„Steffi & Bert“*.
Zahlreiche Komponisten und Texter haben für B. Lieder geschrieben, die auf Schallplatten und CDs erschienen sind. Die Songs von *Hanne Haller, Drafi Deutscher, Hans Blum, Marc Alpina, Frank Becker* u.v.a. begleiten den Entertainer auf seinen Kreuzfahrten rund um den Globus.

Kontaktadresse:
Andrea Jung Entertainment
Postfach 26 04
24025 Kiel

Behrle, Günther

Der deutsche Erfolgskomponist und Produzent wird am 8. November 1945 in Regensburg geboren. Nach dem Studium der Betriebswirtschaftslehre widmet er sich später immer öfter der Musik. B. feiert erste Erfolge mit Liedern für *Bata Illic*, zum Beispiel *„Ich möcht' der Knopf an Deiner Bluse sein"* oder *„Schwarze Madonna"*. In der Folgezeit schreibt er unter anderem Musik für Zeichentrickfilme, aber auch Hits für Stars wie *Peter Alexander* (*„Manchmal weinst Du sicher ein paar Tränen"*), *Paola, Andy Borg* oder *Chris Roberts*. Aus seiner Feder stammt auch der deutsche Text zu dem Hit *„Kleine Fische werden groß"* von *Vader Abraham*. 1987 produziert er eine Platte (*„Schlager, die von Herzen kommen"*) für das damals völlig unbekannte *„Original Naabtal Duo"*. Ein Jahr später reicht er ein Lied für diese Gruppe beim *„Grand Prix der Volksmusik"* ein. Das Lied *„Patrona Bavariae"* wird von der Jury ausgesucht und siegt völlig überraschend im Grand-Prix-Finale in Zürich. B. löst mit diesem Lied eine neue Volksmusik-Lawine aus. Bis zur Trennung des *Naabtal-Duos* im Jahre 1993 produziert er mehrere Erfolgs-LPs. Außerdem arbeitet B. für Stars wie *Stefan Mross* und *Hansi & Maxi Arland*. Der Sängerin *Margot Eskens* verhilft B. zu einem Comeback, als das für sie geschriebene Lied *„Auch Matrosen haben Heimweh"* beim Wettbewerb *„Lieder so schön wie der Norden"* gewinnt. Für seine Arbeit wird er 1989 mit dem *„Edelweiß"* ausgezeichnet.

Kontaktadresse:
Roter-Brachweg 25
93049 Regensburg

Bendix, Ralf

bürgerlicher Name *Dr. Karl Heinz Schwab*, wird am 16. August 1924 in Essen geboren. Der Jurist, Direktor der amerikanischen Fluggesellschaft TWA in Düsseldorf wird bei einem Nachwuchswettbewerb entdeckt. Nicht etwa, weil er sich beworben hat, sondern weil er sich über einen Kandidaten lustig macht. „Kommen Sie doch auf die Bühne, wenn Sie es besser können", fordert der Veranstalter. B. kann es wirklich besser und erhält einen Schallplattenvertrag von *EMI Elektrola* in Köln. Mit Titeln wie *„Sie hieß Mary Ann"* (1956 zweiter Platz in der deutschen Hitparade) oder *„Baby Sitter Boogie"* (1961 Platz 1) ist er Dauergast in den Charts.
Während einer Modenschau in Quakenbrück hört er 1964 einen jungen Rheinländer, den er spontan unter seine Fittiche nimmt, und ihm einen Plattenvertrag bei *EMI Elektrola* besorgt. *„Jenseits des Tales"* ist 1965 der erste Titel des damals (noch) unbekannten Sängers. Kurze Zeit später kennt jeder dessen Namen: *Heino*.
B. hat sich aus dem Geschäft zurückgezogen.

Bertelmann, Fred

wird am 7. Oktober 1925 in Duisburg als Sohn eines Chemikers geboren. Seine Ausbildung zum Schauspieler und Sänger absolviert er am Konservatorium in Nürnberg und an der UFA-Schauspielschule. Nebenher läßt er seine Stimme von *Professor Glettenberg* ausbilden.

Obwohl schon in den fünfziger Jahren durch zahlreiche Titel bekannt geworden, macht ihn 1957 ein Lied berühmt, das man auch heute im Rundfunk und im Fernsehen hören kann: *„Der lachende Vagabund“*.

1974 liegen ihm die Münchner Narren zu Füßen, B. wird in der Session Faschingsprinz.

1995 erscheint seine Biographie *„Der lachende Vagabund“*.

B. ist seit 1973 mit der Schauspielerin *Ruth Kappelsberger* verheiratet. Tochter *Kathrin* ist gelernte Hotelkauffrau.

Kontaktadresse:
Am Hohenberg 9
82335 Berg

Bianca

wird am 5. Oktober in Hausen bei Offenbach am Main geboren. Noch bevor die Schule ruft, ist sie Mitglied eines Kinderchores. Als sie sechs wird, gefällt ihr der Akkordeonunterricht besser als das Rechnen und Lernen. Als der Teenager von TV-Unterhalter *Guido Baumann* bei einem Nachwuchswettbewerb entdeckt wird, träumt die damals 15jährige von einer großen Karriere als Schlagersängerin. Doch wie so oft im Leben, kommt - erst einmal - alles anders. B. beginnt zu schreiben.

Als sie 1986 für den *„Grand Prix der Volksmusik"* die beiden Titel: *„Lieder der Berge"* und *„Zaubersee"* liefert, findet sich kein Interpret, der die erforderlichen Demobänder besingen kann. Und da die Zeit drängt, singt die Autorin ihre Lieder selbst - und kommt unter die 15 Besten für die deutsche Vorentscheidung. Das ist auch in den darauffolgenden Jahren so. Ihre bekannten Erfolgs-Titel *„Die Rosen der Madonna"*, *„Hörst Du die Glocken von Stella Maria?"* (gesungen von *Edith Prock*) bereichern das Spitzenangebot der volkstümlichen Musikvielfalt. B. schreibt auch Titel für andere Interpreten, z.B. für *Jonny Hill* oder *Das Heimat-Duo Judith & Mel.* Für ihren Erfolg ist B. 1992 mit dem *„Edelweiß"* ausgezeichnet worden.

B. lebt mit dem Fernsehregisseur *Georg Martin Lange* zusammen.

Kontaktadresse:
BMG Ariola
Hörselbergstraße 5
81677 München

Böhm, Werner

wird am 5. Juni 1941 in Thorn (Polen) geboren, wächst aber in Hamburg auf und geht dort zu Schule. Danach beginnt er eine Lehre als Dekorateur, um im Anschluß daran Innenarchitektur zu studieren. Durch das professionelle Formulieren von Werbetexten beginnt B. auch, Schlagertexte und Kompositionen zu schreiben. Als Pianist bei der legendären Hamburger *„Rentnerband"* wird B. bekannt. Er präsentiert sich solo mit *„Polonäse Blankenese"* als *Gottlieb Wendehals.* B. interpretiert aber auch mit großem Erfolg volkstümliche Lieder wie *„Wenn die Kirschblüten blühn im Alten Land"*.
B., geschieden von *Mary Roos*, hat zwei Söhne und ist seit 1995 mit *Susanne* verheiratet.

Kontaktadresse:
HIT-Musikproduktion
Süntelstraße 37 a
22457 Hamburg

Borg, Andy

wird als *Andreas Meier*, am 2. November 1960 in Wien geboren. B. wird beim ORF-Wettbewerb „Die große Chance" entdeckt. Anfangs produziert von Altmeister *Kurt Feltz*, wechselt B. später zu *Adam Schairer*, den das Publikum als Teil des Duos *„Adam & Eve"* kennt. Gleich sein erster Titel *„Adios Amor"* wird ein Millionen-Hit.

Seit Januar 1996 moderiert B. als Nachfolger der ausgeschiedenen *Eva Herman „Die Schlagerparade der Volksmusik"* beim Südwestfunk in Baden-Baden.

B. heiratet 1986 *Sabine*. Das Paar hat zwei Kinder, *Jasmin* und *Patrick*, lebt aber voneinander getrennt.

Kontaktadresse:
Baadenbergstraße 20
50259 Pulheim

Bradtke, Hans

wird am 21. Juli 1920 in Berlin geboren. Dort beginnt er ein Architekturstudium. Nach Rückkehr aus der Kriegsgefangenschaft verdient er seinen Lebensunterhalt als Pressezeichner und Karikaturist. Seit 1948 schreibt B. erfolgreich Schlagertexte. Gleich einer der ersten wird ein Hit und ist längst ein Evergreen: *„Pack die Badehose ein“*, gesungen von der (damals noch) kleinen *Cornelia Froboess*. Er schreibt für die ganz Großen im Schlagergeschäft: *Bill Ramsey* (*„Pigalle“*), *Chris Howland* (*„Hämmerchen-Polka“*), *Vico Torriani* (*„Kalkutta liegt am Ganges“*), *Wencke Myhre* (*„Er hat ein knallrotes Gummiboot“*), *Nana Mouskouri* (*„Weiße Rosen aus Athen“*).

Kontaktadresse:
Hüninger Straße 48
14195 Berlin

Breck, Freddy

bürgerlicher Name *Gerhard Breker*, wird am 21. Januar 1942 in Sonneberg/Thüringen geboren.

Seinen ersten Hit kann er 1972 mit der Schlagerversion von Verdis *„Gefangenenchor“* aus der Oper *„Nabucco“* feiern. Der Titel: *„Überall auf der Welt“*. Diesen Erfolg kann er mit Schlagern wie *„Bianca“* und *„Rote Rosen“* 1973 fortsetzen.

Seit 1989 ist B. in zweiter Ehe mit der Diplompädagogin *Astrid Dorst* verheiratet.

Kontaktadresse:
da-music
Kruppstraße 7
49356 Diepholz

Bregenzerwälder Dorfmusikanten

Diese Gruppe existiert schon seit 1957, damals gegründet von dem ehemaligen Landwirt *Claus Bertel*, der schon im Alter von nur zehn Jahren seine Liebe zur Musik entdeckt und als Kapellmeister 40 Jahre lang ein regionales Orchester leitet.
Richtig bekannt wird die Gruppe aber erst 1980, als sie mit *Claus Bertel jr.* und dem Akkordeonspieler *Eugen Uebelher* als Trio Erfolge feiern.
Zweimal vertreten die lustigen Musikanten aus dem schönen Vorarlberg ihre Heimat musikalisch beim *„Grand Prix der Volksmusik"*. Ihr bisweilen größter Erfolg ist das Lied *„Der Zauber der Berge im Alpenland"*, mit dem die neue Formation den dritten Platz belegt.

Kontaktadresse:
Claus & Ludwig Bertel
A-6948 Langenegg 2 /
Vorarlberg

Bruhn, Christian

wird als *Hans Christian B.* am 17. Oktober 1934 in Wentorf bei Hamburg geboren und klimpert schon mit vier Jahren auf dem häuslichen Piano. Während der Kriegszeit in Kärnten macht B. schon früh Bekanntschaft mit österreichischer Volksmusik.
Wieder an die Elbe zurückgekehrt, gründet er eine Schülerkapelle und studiert später bei *Professor Ernst Gernot Klussmann* Komposition, Klavier und Klarinette. Er reist als Pianist mit einzelnen Jazz-Combos durch Stadt und Land. 1956 kommt er nach München und durchläuft tagsüber im Studio einer Plattenfirma die Stationen als Volontär, Arrangeur und Produzent. Die Nächte allerdings verbringt er in den Schwabinger Jazzkellern, um seinen Haushaltsetat aufzubessern.
Als er 1959 den Berliner Verleger *Peter Meisel* kennenlernt, entwickelt sich eine so gute Zusammenarbeit, daß die beiden in den darauffolgenden Jahren ein besonders erfolgreiches Producer-Team bilden. Zweimal siegt B. bei den *Deutschen Schlagerfestspielen* von Baden-Baden: 1962 mit *„Zwei kleine Italiener* (von *Cornelia Froboess* gesungen) und 1964 mit *„Liebeskummer lohnt sich nicht“* (von *Siw Malmquist* präsentiert).
Es gibt im Laufe der Jahre kaum einen namhaften Interpreten, den B. nicht zum Erfolg geführt hat: *Drafi Deutscher, Marion Maerz, Peter Alexander, Freddy Quinn, Roy Black, Mireille Matthieu, Peter Maffay, Gitti und Erica* u.a.

So entstehen über 2000 Schlagermelodien, über 100 Werbemusiken und 100 Lieder, die er ganz speziell für Kinder schreibt. Unvergessen sind die Fernsehserien, die durch seine Musik leben: *„Timm Thaler“*, *„Jack Holborn“*, *„Patrik Pacard“*, *„Oliver Maass“*, *„Die Wicherts von nebenan“*, *„Wie gut, daß es Maria gibt“* u.a.

1982 wird der vielbeschäftigte Komponist in den Aufsichtsrat der *GEMA* berufen, dessen Aufsichtsratsvorsitzender er seit 1991 ist.

1993 erhält er für seine Verdienste den *Paul-Lincke-Ring* und als erfolgreicher Komponist das *„Edelweiß“*.

B. ist verheiratet mit *Erica*. Siehe *„Gitti & Erica“*.

Kontaktadresse:
Irmgardstraße 11
81452 München

Brunner, Maja

wird am 6. Juli 1951 in Küßnacht bei Zürich in der Schweiz geboren. Ihr Vater *Ernst Brunner*, in der Schweiz ein bekannter Musiker, bringt ihr das Klarinetten- und Saxophonspiel bei.

B. wird Sekretärin, schließt sich 1967 in ihrer Freizeit einer Band als Saxophonspielerin und Sängerin an. B.s Bruder *Carlo*, einer der erfolgreichsten Schweizer Autoren, schreibt für sie das Lied *„Das kommt uns spanisch vor"*, mit dem sie 1987 den *„Grand Prix der Volksmusik"* gewinnt. Dieses Lied wird auch in Deutschland ein Hit. 1991 gewinnt B. den *„World Music Award"* als populärste Künstlerin der Schweiz. Seit 1991 ist sie auch auf der Musical-Theater-Bühne erfolgreich. Im März 1996 übernimmt sie die Hauptrolle in der Theaterkomödie *„Bongo Bongo"*.

B. arbeitet auch als Radiomoderatorin.

Kontaktadresse:
Postfach 12 09
53574 Strauscheid

Busch, Fini

wird am 18. Februar 1928 in München geboren. Durch ihre Tätigkeit als Sekretärin bei Radio München, aus dem später der Bayerische Rundfunk hervorgeht, bekommt sie Kontakt zu Künstlern. 1952 schreibt sie den Volksmusikevergreen *„Schützenliesel"*. B. arbeitet hauptsächlich mit *Walter Scharfenberg* zusammen, mit dem sie für Stars wie *Lolita* schreibt. Zu ihren größten Erfolgen gehören so bekannte Schlagertitel wie: *„Seemann, Deine Heimat ist das Meer"*, *„Es läuten die Glocken am Königsee"* und *„Der weiße Mond von Maratonga"*.

Chamer Buam

Die Gruppe wird Anfang der 90er Jahre in Cham in der Oberpfalz gegründet. Im Februar 1992 gewinnt sie in der Nachwuchssendung *„Auftakt“* im ZDF. Erfolgsproduzent *Günther Behrle* nimmt die Gruppe unter Vertrag und produziert die Single *„Ich war noch nie in meinem Leb'n so wie in Dich verliebt“*. Mit diesem Titel gewinnen sie die *„Hitparade der Volksmusik“*. Später entstehen Titel wie *„Vor Deiner Tür“* und *„Nur wegen Dir“*.

Kontaktadresse:
Agentur Rahn
Dreimühlenstr. 7
80469 München

Clarin, Hans

wird am 14. September 1929 als Sohn eines Beamten in Wilhelmshaven geboren. Dort besucht C. ein musisches Gymnasium. Anfangs interessiert er sich für Ackerbau und Viehzucht, nimmt dann aber von 1948 bis 1950 Schauspielunterricht bei *Ruth von Zerboni* in München. Noch im gleichen Jahr gibt C. in der Isar-Metropole sein Debüt als *„Attalus"* in Grillparzers *„Weh' dem, der lügt"*. Großen Bühnenrollen folgt erfolgreiche Film- und Fernseharbeit. C. wird aber auch als Sprecher für den Hörfunk und Synchronisation ein Star. Über Nacht populär wird er, als er dem Kriminalassistenten *„Cookie"* in der beliebten US-Serie *„77 Sunset Strip"* seine (krächzende) Stimme leiht. Nicht weniger von Erfolg gekrönt ist später seine Synchronisation des lustigen Zeichentrick-Kobolds für die TV-Serie *„Meister Eder und sein Pumuckl"*, und auch mit der Kinderplattenserie *„Hui Buh"* wird der bayerische Staatsschauspieler (seit 1961) zum Liebling aller Kinder.

1994 beteiligt sich C. mit Partnerin *Maxie* (der kleinen Tochter von *Dagmar Frederic*) und dem Lied *„Das Mädchen und der Clown"* beim *„Grand Prix der Volksmusik"* in Rostock und belegt den zweiten Platz.

C. lebt auf seinem Landsitz „Moserhof" bei Aschau und ist in seiner Freizeit mit Leib und Seele Landwirt.

Kontaktadresse:
Moserhof
83229 Aschau

Hans Clarin mit Maxie

Dolomiten Sextett Lienz

Die Gruppe wird Mitte der 70er Jahre in Lienz (Osttirol) von den Brüdern *Walter, Günther* und *Werner Widemair* gegründet. Dazu gehört zunächst auch *Toni Kellner*, der später als Produzent von den *Kastelruther Spatzen* bekannt wird. Erste Erfolge sind volkstümliche Schlager wie *„Rendezvouz mit einem Engel"*. Anfang der 90er Jahre produziert das *Dolomiten Sextett Lienz* unter dem Titel *„Happy March Musik"* einen Tonträger mit traditioneller Militärmusik. Melodien wie *„Alte Kameraden"* oder der *„Radetzky-Marsch"* kommen so zu neuen Ehren.

Kontaktadresse:
Tonstudio II
Dornachstr. 2
A-9990 Nussdorf / Debant

Drachselsrieder Musikanten, Original

Die Gruppe wird 1954 in dem Ort Drachselsried (zwischen Regensburg und Passau) gegründet. Der bislang größte Erfolg der Gruppe, die Musik und Spaß gekonnt miteinander vermischt, ist 1993 die Teilnahme am „*Grand Prix der Volksmusik*" mit dem Titel „*Frau Wirtin, laß noch offen*".

Drei Zwidern, Die

das sind *Hans Schuster*, geboren am 3. Juli 1948, *Luggi Graspointner*, geboren am 6. Oktober 1952, und *Helmut Patermann*, geboren am 18. August 1950. Drei immer zu Späßen aufgelegte lustige Musikanten, die eigentlich unter völlig falschem Namen auftreten. Und den bekommen sie - aus einer Laune heraus - 1978 während des Schützenfestes in Stauchdach, als Posaunist *Hans* ans Mikrofon tritt und den Gästen im Schützenzelt mitteilt: „Heute spielen für Euch die *‚Drei Zwidern‘*." Für die drei „Miesmacher", so der Übersetzungsversuch ins Hochdeutsche, ist das der Beginn einer Bilderbuchkarriere. Nachdem *Karl Moik* die drei in seinem *„Musikantenstadl"* einem großen Publikum präsentiert, wird das Trio Stammgast in den bekannten volkstümlichen Sendungen bei Rundfunk und Fernsehen.

Kontaktadresse:
Igelsbach 20
83373 Tengling

Duo Herzklang

Das Duo aus dem Bregenzerwald ist seit 1985 auch im Privatleben ein Paar. Der Bäckermeister *Manfred Wohlgenannt* lernt seine *Dagmar* bei einer Familienfeier kennen. Die beiden treten zunächst im Bekanntenkreis auf, bekommen aber schon bald einen ersten Plattenvertrag. Der Durchbruch für das *Duo Herzklang* kommt in der Nachwuchssendung *„Auftakt"* mit dem Titel *„Du, Dei Hand laß i nimmer los"*. 1993 vertreten sie Österreich beim *„Grand Prix der Volksmusik"* mit *„Ich möcht' mit Dir ein Luftschloß bauen"*. Der Erfolgsproduzent *Renato Wohllaib* (*Die Paldauer*) schreibt 1995 für sie den Titel *„Egal wohin"*, mit dem *Manfred & Dagmar* erneut beim *„Grand Prix der Volksmusik"* antreten und den vierten Platz belegen.

Kontaktadresse:
Postfach
A-6941 Langenegg

Duo Sunshine

Das österreichische Duo findet Mitte der 80er Jahre zusammen und tritt zunächst als *„Angelina & Fritz“* auf. Erste Hitparaden-Erfolge kommen mit Titeln wie *„Lalala l'amour“* und *„Liebe für die Ewigkeit“*. 1995 werden sie auch international bekannt, als sie Österreich beim *„Grand Prix der Volksmusik“* mit dem Lied *„Lieber, kloaner Sonnenstrahl“* vertreten.

Duo Wörle

Georg und *Walter Wörle* kommen aus Baisweil im Allgäu. Nach der Schule lernen die beiden zunächst „Einzelhandelskaufmann" und arbeiten später als Radiomoderatoren. Ihr bislang größter Erfolg ist 1994 die Teilnahme am *„Grand Prix der Volksmusik"* mit dem Titel *„Ein fröhliches Gesicht"*.

Kontaktadresse:
Angerweg 5
87650 Baisweil / Allgäu

Edenharder, Wolfgang

wird am 10. April 1962 in Burglengenfeld bei Regensburg geboren. Schon im achten Lebensjahr nimmt er Akkordeonunterricht bei einem Privatlehrer. Arbeitet später als Postbeamter, spielt aber nebenberuflich als Musiker bei Festen in der näheren Umgebung. 1977 gründet er mit dem Schlagzeuger *Hubert Zaschka* das *„Original Naabtal Duo“*. 1988 gewinnt E. mit Willi Seitz, seinem neuen Partner, und dem Titel *„Patrona Bavariae“* den *„Grand Prix der Volksmusik“*. Die gleichnamige LP und die folgenden Produktionen werden mit elfmal Gold, siebenmal Platin, einmal Doppelplatin und einmal Diamant ausgezeichnet. 1993 kommt es zur Trennung des *Original Naabtal Duos*.

E. zieht sich für ein Jahr zurück. 1994 tritt er mit der Nachwuchs-Interpretin *Isabella* im Duett beim *„Grand Prix der Volksmusik“* an. Mit dem Titel *„Die Welt ist voll Bananenschal'n“* verpassen die beiden knapp den Einzug ins Finale. 1995 feiert E. mit seiner neuen Gruppe *„Die Original Naabtaler“* sein Comeback als Solointerpret. Die Produktion *„Mein Herzblatt“* und die Single-Auskopplungen *„Ich wär' gern Dein Herzblatt“* oder *„Der Schnee von gestern“* erobern wiederum die Hitparaden.

Kontaktadresse:
93133 Burglengenfeld

Eikenholt

Die Gruppe wird 1983 im südoldenburgischen Städtchen Lohne von *Peter van Koten* und *Heiner Lamping* gegründet. Die Mitglieder sind bis heute Amateure und gehen neben ihren Auftritten noch anderen Berufen nach. Nachdem E. zehn Jahre hauptsächlich bei Heimatabenden in Norddeutschland auftritt, nehmen sie 1993 die Produktion *„Kumm mit, stieg in"* auf, die zahlreiche Radiohitparaden erobert. 1995 produziert *Ronny* ein Album, das erstmals auch hochdeutsche Texte enthält. Nach mehreren Fernsehauftritten werden sie Anfang 1996 auch für die Tournee *„Könige der Volksmusik"* verpflichtet. Zu den erfolgreichsten Liedern von E. gehört auch die erste plattdeutsche Version des *Erich-Storz*-Klassikers *„Die kleine Bimmelbahn"*.

Kontaktadresse:
Spechtstr. 9
49393 Lohne

Elsasser, Kurt

wird am 14. Juli 1967 in Kärnten geboren. Bei einer Rundfunksendung erobert er als Kinderstar die Herzen der Zuhörer in Österreich. Besonders *Karl Moik* widmet sich der Karriere von *„Kurti“*. Mit dem Stimmbruch kommt dann das vorläufige „Aus“. Als sich wieder eine Stimme herausgebildet hat, studiert er zunächst am *Salzburger Mozarteum* die Fächer Gesang, Schauspiel, Sprache und Tanz. Im berühmten *Theater an der Wien* nimmt E. außerdem Musical-Unterricht. Anfang der 90er Jahre wird er dann wiederentdeckt und startet seine zweite Karriere mit volkstümlichen Liebesliedern. Unter anderem vertritt er Deutschland beim *„Grand Prix der Volksmusik“*. Zu seinen großen Erfolgen gehören Lieder wie *„Allein die Liebe zählt im Leben“*.

Kontaktadresse:
Koch International
Hermann-Schmid-Str. 10
80226 München

Eskens, Margot

wird am 12. August 1936 in Düren als Tochter eines Musikers geboren und bekommt schon in früher Jugend Kontakt zur Musik. Dennoch macht sie nach dem Schulabschluß erst eine Ausbildung zur Zahnarzthelferin. Sie beteiligt sich mit Erfolg an einem Nachwuchswettbewerb und belegt 1954 mit ihrem ersten Titel *„Ich möcht' heut' ausgehen"* den dritten Platz in der Hitparade.
Ihre großen Erfolge sind der Spitzenreiter *„Tiritomba"* (1956), *„Cindy, oh Cindy"* (1957) und *„Himmelblaue Serenade"* (1958).
Die große Dame des deutschen Schlagers ist längst auch ein leuchtender Stern am Volksmusik-Himmel. Mit dem Riesen-Hit *„Auch Matrosen haben Heimweh"* gewinnt sie 1993 den NDR-Wettbewerb *„Lieder so schön wie der Norden"*.
E. ist seit 1960 mit dem Fabrikanten und Musikproduzenten *Karl-Heinz Münchow* verheiratet. *„Mein Traumland am Wörthersee"* ist der Titel einer LP, die sie 1990 veröffentlicht. Dort lebt sie u.a. seit 35 Jahren mit ihrem Mann.

Kontaktadresse:
Everest TV + Musik KG
Otto-Hahn-Str. 9–11
50997 Köln-Godorf

Eva-Maria

wird am 20. April 1966 im Bregenzerwald in Österreich geboren. Ihren ersten Auftritt hat sie schon im Kindergarten. Bei einer Hochzeit singt sie mit ihrem Bruder *Michael* Schlager nach. Nach dem Besuch der Handelsschule lernt sie Flöte und Gitarre und erhält vier Jahre lang Gesangsunterricht. Mit ihrem Bruder *Michael* sammelt sie zehn Jahre lang Bühnenerfahrung, veröffentlicht in dieser Zeit drei Produktionen mit Titeln wie *„Liebesblumen"*, *„Die Blume meiner Alpenheimat"*.
1992 beginnt die Solokarriere von E. in der ZDF-Sendung *„Auftakt"*. In dieser Nachwuchssendung von *Carolin Reiber* belegt sie den ersten Platz. Der Durchbruch kommt für die hübsche Vorarlbergerin 1995 beim *„Grand Prix der Volksmusik"* . Mit dem Lied *„Wie der Wind"* belegt sie Platz 2 in der österreichischen Vorentscheidung und Platz 3 im Grand-Prix-Finale in Wien. Es folgen weitere Erfolgstitel wie *„Bello il mondo"*.

Kontaktadresse:
Postfach 41
A-6870 Bezau

Faber, Frank

wird im Ruhrgebiet geboren, wächst dort und in Frankfurt am Main auf. Heute lebt F. in Braunlage im Harz, wo er ein Tanzlokal betreibt und als Sänger auftritt. Veröffentlicht Anfang der 90er Jahre einige Titel, wie zum Beispiel *„Berge in Flammen"*. Neben Plattenfirmen wird auch Erfolgsproduzent *Rudolf Müssig* auf den Sänger aufmerksam. 1994 tritt er mit dem Lied *„Die Windjammer kommen"* beim *„Grand Prix der Volksmusik"* an. 1996 kommt ein neues, von *Rudolf Müssig* produziertes Album auf den Markt, das Volksmusik mit Country- und Westernklängen verbindet.

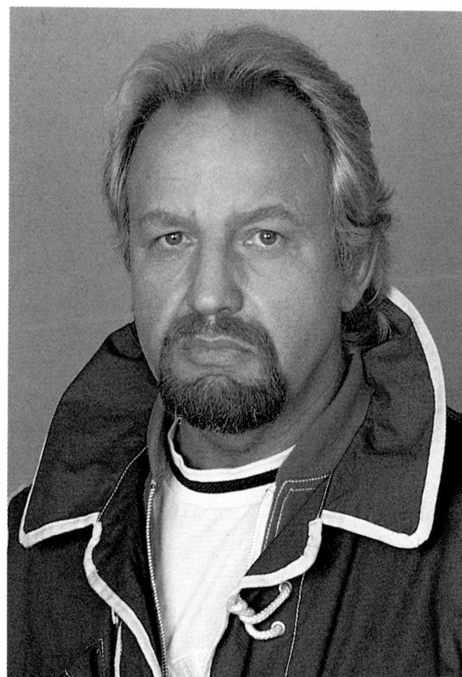

Kontaktadresse:
Postfach 12 10
38692 Braunlage

Feldberger Spitzbuebe, D

Die Gruppe wird Anfang der 90er Jahre von *Lothar Böhler* im Schwarzwald gegründet und bekommt wegen ihrer Qualität als Showband bald den Beinamen „Die Gaudiburschen vom Schwarzwald". Ihr bislang größter Erfolg ist die Teilnahme am *„Grand Prix der Volksmusik"*, bei dem sie mit dem Titel *„Ferien auf dem Bauernhof"* für Österreich starten.

Kontaktadresse:
Hohenstraße 29
78183 Hüfingen

Felgen, Camillo

wird am 17. November 1920 in Tetange in Luxemburg geboren. Seinen beruflichen Werdegang beginnt er zwar als Volksschullehrer, nach einem abgeschlossenen Opernstudium aber sieht man ihn in zahlreichen Filmrollen. Dann gehört er zu den Pionieren, die den deutschen Sender von Radio Luxemburg (RTL) aufbauen. Er ist einer der ersten Plattenplauderer beim Sender und leitet die Fernseh-Spielshow *„Spiel ohne Grenzen"*. Auch als Sänger und Komponist hat sich F. einen Namen gemacht. So schreibt er 1960 für *Peter Alexander „Ich zähle täglich meine Sorgen"*, 1961 für *Conny Francis „Schöner fremder Mann"* und 1974 den Titel *„Ich habe Ehrfurcht vor schneeweißen Haaren"*, den er als Interpret zum Erfolg führt. F. ist mit Frau *Marie Anne* verheiratet, die in Luxemburg ein Modegeschäft führt.

Kontaktadresse:
3, Domaine de Brameschhof
L-8290 Kehlen

Fidele Mölltaler, Original

Die Gruppe wird 1971 von *Sepp Ladinig* und *Hubert Mayer* gegründet. Sie veröffentlichen im ersten Jahr eine Platte mit traditioneller Volksmusik und unter dem Namen *„Shakers"* eine Platte mit modernen Schlagern. Bei ihren Auftritten mischt sie beide Stilrichtungen und wird innerhalb von wenigen Jahren zu einer der besten und erfolgreichsten Live-Gruppen in Europa. Die mehr als 20 *Mölltaler*-Alben wie *„Autofahrer unterwegs"* oder *„Urlaubsträume"* werden mehrfach mit Gold und Platin ausgezeichnet.

Kontaktadresse:
Josef Ladinig
Lainach 29
A-9833 Rangersdorf

Fierek, Wolfgang

wird am 9. Dezember 1950 in Ottobrunn bei München geboren. Nach der Schule ergreift F. seinen ersten Beruf: Er wird Feinmechaniker. Als er jedoch von dem Kult-Regisseur *Klaus Lemke* in einer Schwabinger Kneipe für den Film entdeckt wird, feiert der urige Bayer Erfolge als volksnaher Schauspieler. Schon der erste Film *„Idole"*, in dem er neben *Cleo Kretschmer* glänzt, ist so erfolgreich, daß die Produzenten bei F. Schlange stehen.

In seinen dritten Beruf als volkstümlicher Sänger gerät der fröhliche Bayer eigentlich über den Fußballsport. Als er mit Partnerin *Cleo* die deutsche Version des Gag-Hits *„Rummenigge"* aufnimmt, erhält er einen Plattenvertrag. So schreibt *Hanne Haller* für ihn den Song *„Resi, i hol di mit mei'm Traktor ab"* und landet einen Hit. Das schafft F. auch im Fernsehen. Mit seiner Mitwirkung in der TV-Serie *„Ein Bayer auf Rügen"* erhält SAT. 1 hohe Einschaltquoten. Und F. wird über Nacht everybodys Liebling.

Kontaktadresse:
Sony Music Entertainment
Stephanstraße 15
60313 Frankfurt

Finkwarder Speeldeel

1969 übernimmt *Adolf (Adi) Albershardt* die bekannte Hamburger Folkloregruppe von seinem Vater. Etwa 40 Auftritte haben die Sänger im Jahr. Und Nachwuchssorgen gibt es bei der *Speeldeel* nicht: 50 Kinder im Alter von fünf bis 16 Jahren besuchen schon die Nachwuchsgruppe *„Lütt Finkenwarder“*, die von Frau *Christa Albershardt* betreut werden. Das Paar lernt sich 1955 kennen und heiratet vier Jahre später.

Kontaktadresse:
Steendiek 14
21129 Hamburg

Fischer, Gotthilf

wird am 11. Februar 1928 in Deizisau (bei Plochingen) am Neckar als Sohn eines Zimmermeisters geboren. Von 1942 bis 1945 besucht er die Lehrerfortbildungsanstalt in Esslingen. F., der schon als kleiner Junge in Mutters Küche Liedchen trällert, ist erst 15, als er seinen ersten Chor gründet. Nach Kriegsende leitet er den Gesangsverein *„Concordia"* in Deizisau und gewinnt 1949 neben 150 weiteren Mitbewerbern den Sängerwettstreit für Volks- und Kunstgesang.

Das war die Geburtsstunde seiner bald weltberühmten *„Fischer Chöre"*. International bekannt werden die 15.000 Sängerinnen und Sänger 1974, als sie in München bei der Schlußveranstaltung der Fußballweltmeisterschaft im Olympia-Stadion auftreten. Weitere Tourneen führen die Mammutchöre auch in die ausländischen Metropolen. Neben der Chorarbeit arrangiert und komponiert F.: Er vertont das *„Vaterunser"*, schreibt die Oper *„Schicksal"* und auch eine *„Friedensmesse"*. Er produziert 48 Longplays und CDs, von denen über 15 Millionen Stück verkauft werden.

F. ist mit *Hildegard Reinhuber* verheiratet, hat zwei Töchter und einen Sohn.

Auszeichnungen: Bundesverdienstkreuz am Band und Erster Klasse, Hermann-Löns-Medaille, Goldene und Platinschallplatten.

Kontaktadresse:
Burgunderstr. 70
71384 Weinstadt

Flippers, Die

Am Anfang sind es sechs Musiker, die 1965 die *„Dancing Show Band“* gründen: *Claus Backhaus, Roland Bausert, Manfred Durban, Franz Halmich, Bernd Hengst* und *Olaf Malolepski*. Erst als sich das Sextett vier Jahre später in *„Flippers“* umbenennt, landet es mit *„Weine nicht, kleine Eva“* seinen ersten Erfolg auf Platz 8. Weitere Hits folgen - und eine etwa zehn Jahre lange Pause.

Seit 1986 sind *„Die Flippers“* als Trio wieder da - und ganz oben: Mit dabei sind wieder *Bernd Hengst* (* 18.4.1947), *Olaf Malolepski* (* 27.3.1946) und *Manfred Durban* (* 28.9. 1942).

Nicht nur in Deutschland feiern die drei Vollblutmusiker große Erfolge. In unseren Nachbarländern Frankreich, Belgien, in Italien und auch in den U.S.A. kennt man *„Die Flippers“*. Fünf Platin- und 20 Goldplatten sind der wohlklingende Beweis für ihr Können und ihre Popularität.

Kontaktadresse:
BMG Ariola
Hörselbergstraße 5
81677 München

Frankfurter, Jean

wird am 9. März 1948 als *Erich Liessmann* in Frankfurt am Main geboren. Er studiert Musik und Germanistik in Frankfurt und spielt Hammondorgel in einzelnen Popgruppen.
Dann beginnt er, Texte und die Noten dazu zu schreiben. 1970 z.B. alle deutschen Texte für *Danyel Gerard* („*Butterfly*"). Dann folgen weitere Schlager-Erfolge wie „*Anita*" für *Costa Cordalis*, „*Michaela*" für *Bata Illic* oder „*Komm' auf meine Insel*" für die *Flippers*. 1978 komponiert der 30jährige „*Feuer*", den deutschen Beitrag für den „*Grand Prix d' Eurovision de la Chanson*" für *Ireen Sheer*. „*Flieg nicht so hoch, mein kleiner Freund*" komponiert er für die damals 16jährige *Nicole* und sichert ihr mit dem Verkauf von fast 500 000 Singles ein Highlight in ihrer Karriere als Sängerin. Von 1988 bis 1992 komponiert er alle Titel für *Claudia Jung*. 1988 entdeckt er *Patrick Lindner* und produziert im eigenen Tonstudio mit dem Newcomer „*Die kleine Tür zum Paradies*", mit der F. auch am „*Grand Prix der Volksmusik*" teilnimmt. Seitdem produziert er dessen Titel. In Zusammenarbeit mit *Irma Holder* entstehen für die „*Kastelruther* Spatzen" so wichtige Lieder wie „*Feuer im ewigen Eis*", „*Eine weiße Rose*" oder „*Der rote Diamant*". Ebenso für die *Geschwister Hofmann*.
Seit 1992 produziert F. auch *Stefanie Hertel*. Und für *Marianne & Michael* („*Wann fangt denn endlich d'Musi an*") produziert er zwei Alben.

Kontaktadresse:
Taunusblick 20
61479 Glashütten

F. ist einer der erfolgreichsten deutschen Komponisten (*Kristina Bach, Michelle, Fernando-Expreß*) und wird dafür mit dem Deutschen Schallplattenpreis und dem „*Edelweiß*" ausgezeichnet.

Gitti & Erica

Kontaktadresse:
Irmgardstraße 11
81479 München

Erica Maria, geboren am 17. Juli 1958, und *Brigitte Götz*, geboren am 17. Januar 1959 in Obernburg am Main. Die beiden Schwestern spielen Orgel, Akkordeon und Gitarre und nehmen schon sehr früh Ballettunterricht. Nachdem die beiden 1972 bei einem Talentwettbewerb auf dem Siegertreppchen stehen, kümmert sich der erfolgreiche Münchner Produzent *Christian Bruhn* um die beiden Newcomer. Er schreibt für das volkstümliche Duo Lieder wie *„Mädchen aus dem Odenwald“* und heiratet 1976 einen Teil davon, die *Erica*. Ein Jahr später entsteht der Titel *„Heidi“*, der nicht nur ein Hit wird, der sich monatelang auf dem ersten Platz hält, sondern auch die Titelmelodie der TV-Zeichentrickserie *„Heidi“*.
Weil *Erica Bruhn* mit Ehemann *Christian* an einer Solokarriere arbeitet, tritt ihre Schwester *Gitti* eine zeitlang mit *Janine Karen Olsen* als *„Erika“* auf. Aber auch *Gitti* strebt eine Solokarriere an.
Inzwischen sieht man die beiden Schwestern wieder gemeinsam auf der Bühne und im Fernsehen. *Erica Bruhn* hat sich auch einen Namen als hervorragende Moderatorin gemacht. So z.B. bei der *Edelweiß-Gala* 1993 in der Berliner Deutschlandhalle.

Godewind

das sind *Vera Binge*, geboren am 4. Januar in Wyk auf Föhr, *Annegret Behrend*, geboren am 16. Mai 1957 in Schleswig, *Gerd Jürgen (Shanger) Ohl*, geboren am 23. April 1952 in Tetenbüll bei Husum, *Carsten Böhm*, geboren am 30. Januar 1945 in Danzig und *Larry Evers*, geboren am 18. April 1951 in Schwabstedt, der die erfolgreiche Gruppe aus Liebe zur plattdeutschen Sprache 1979 gründet.

Die Gruppe ist in ihrer norddeutschen Landschaft stark verwurzelt. Ihre Liebe zu den Urgewalten spiegelt sich in den meist selbstgeschriebenen Lieder wieder. Mit dem Titel *„Regenbogenkinder"* gewinnen die Musiker 1990 den Wettbewerb *„Lieder so schön wie der Norden"*.

Kontaktadresse:
Moin-Musikverlag
Osterende 6
25876 Schwabstedt

Gott, Karel

wird am 14. Juli 1939 in Pilsen (Westböhmen) als Sohn eines Elektrikers geboren. Obwohl der musisch veranlagte Gymnasiast schon Musik macht und davon träumt, Maler zu werden, besteht der Vater darauf, daß der Junior eine Elektrikerlehre absolviert.

1959 fällt G. dem Bandleader *Karl Krautgardner* auf, der das junge Gesangstalent spontan auf eine Tournee mitnimmt. Ab 1960 studiert G. dann Gesang am *Prager Konservatorium*. Sein Lehrer ist Prof. *Karenin*, ein Meisterschüler des berühmten russischen Bassisten *Schaljapin*.

Nach ersten Engagements am *„Semafor-Theater"* und dem *„Apollo"* in Prag macht G. seine ersten Plattenaufnahmen. Als er 1967 erstmals am *„Midem-Festival"* in Cannes teilnimmt und sein Titel *„Weißt du wohin?"* (das berühmte *Lara-Thema* aus *„Dr. Schiwago"*) in der Bundesrepublik in die Charts kommt, erhält er 1968 ein Engagement ins *„New Frontier"* in Las Vegas.

Bei uns verkaufen sich seine Longplays *„Die goldene Stimme aus Prag"* und *„In mir klingt ein Lied"* millionenfach. Im deutschen Fernsehen wird der Sänger Dauergast.

So wird G. zum größten Devisenbeschaffer seiner damals sozialistischen Heimat. Dennoch wird seine Karriere abrupt unterbrochen, als die tschechoslowakischen Behörden nach einem TV-Bericht über CSSR-Bürgerrechtler von *Gerhard Löwenthal* 1977 alle Auftritte im ZDF sperren. Doch das

Regime kann den Siegeszug der goldenen Stimme aus Prag nicht aufhalten. Schon ein Jahr später steht er wieder in Mainz vor den Fernsehkameras. 1982 schreibt *Ralph Siegel* ihm das Lied *„Und die Sonne wird wieder scheinen"* für die Fernseh-Lotterie der ARD.

Kontaktadresse:
Prag-Smichov
Nada Bertramkou 18
CSFR

G. gilt immer noch als einer der begehrtesten Junggesellen. Er ist Vater von *Dominika* (1973) und seit vielen Jahren ein erfolgreicher Maler.

Grabowski, Gerd

Der Komponist und Produzent, der als Schlagersänger unter dem Namen *G.G. Anderson* bekannt ist, wird am 4. Dezember 1949 in Eschwege geboren. Nach der Elektrikerlehre und einigen Zwischenstationen in Bands wie den *„Blue Moons“* wird er Anfang der 80er Jahre Schlagersänger. Neben den Auftritten als *G.G. Anderson* steht bei G. gleichrangig die Arbeit hinter den Kulissen. Mit Partnern wie *Bernd Dietrich* oder *Engelbert Simons* komponiert er Lieder unter anderem für *Heino* (*„Ja, ja die Katja“*), *Roland Kaiser* (*„Lieb' mich ein letztes Mal“*) oder *Audrey Landers* (*„Manuel goodbye“*). Als Hausproduzent bei der Berliner Plattenfirma *Hansa* hört er 1989 das von *Carola & Burkhard Lüdtke* geschriebene Lied *„Herzilein“*. G. produziert dieses Lied mit zwei Musikern aus seiner Begleitband *Curocas. Die Wildecker Herzbuben* werden durch diesen Song zu Stars.
Gemeinsam mit *Engelbert Simons* schreibt und produziert G. in der Folgezeit die *Herzbuben-Hits „Hallo, Frau Nachbarin“* oder *„Zwei Kerle wie wir“*. Auch als Schlagersänger wird G. volkstümlicher und überschreitet mit Liedern wie *„Weiße Rosen schenk ich Dir“* die Grenze zwischen Schlager und Volksmusik. 1994 trennt sich G. von den *Wildecker Herzbuben*. 1995 übernimmt er - wiederum mit seinem Partner *Engelbert Simons* - die Produktion von *Willi Seitz*.

Kontaktadresse:
Kasseler Str. 40
37269 Eschwege

Graf, Maxl

wird als *Maximilian Reinhold Friedrich Graf* am 25. September 1933 in München geboren. Schon während der Schulzeit bessert er sich als Kinderdarsteller bei Hörpielen beim damaligen *„Radio München"* sein Taschengeld auf. Da ist der Weg schon aufgezeichnet, den der gewandte junge Mann gehen wird: Er bewirbt sich bei der Falkenbergschule - und fällt beim Vorsprechen durch.

Dennoch macht G. Karriere. Das Publikum erlebt ihn in zahlreichen Singspielen und Musicals als erfolgreichen Mimen, und auch das Fernsehen wird auf das neue Gesicht aufmerksam. Als er 1961 seine erste TV-Rolle in der Komödie *„Die drei Eisbären"* spielt, ist das der Anfang von 20 TV-*Komödienstadeln*, die das Bayerische Fernsehen bundesweit überträgt. In 126 Folgen der TV-Serie *„Die seltsamen Methoden des Franz-Josef Wanninger"* spielt G. neben dem unvergessenen *Beppo Brehm* den Assistenten *„Fröschl"*. Der beliebte Volksschauspieler, der auch als Interpret volkstümlicher Lieder (*„Kaum schau i auf d' Uhr, is scho Herbst"*) und als erfahrener Moderator volkstümlicher Konzerte und Tourneen Fans in Stadt und Land hat, ist nicht nur in seinem Heimatland Bayern ein Publikumsliebling.

G. ist verheiratet mit Frau *Olga* und hat zwei erwachsene Kinder: *Maximilian* und *Christine*.

Kontaktadresse:
ZBF-Agentur
Leopoldstraße 19
80802 München

Greger, Max

wird am 2. April 1926 in München-Giesing als Sohn eines Metzgers geboren. In jungen Jahren beginnt er, Akkordeon zu spielen und schließt sich einer Laiengruppe an. Noch während der Schulzeit beginnt er, am Münchner Konservatorium Klarinette zu studieren. Gegen Ende des Zweiten Weltkriegs wird er eingezogen. Nachdem er seine Uniform ausziehen kann, musiziert er bei kleinen Orchestern und in amerikanischen Offiziersklubs. Er spielt in der Kapelle des Trompeters *Charly Tabor* Saxophon und gründet 1948 das *„Max-Greger-Sextett"*, das sein Publikum mit bayerischen Klängen erfreut. Dann folgen erste Schallplatten.

Überregional bekannt wird G., als er mit seinem Orchester 1959 als erste deutsche Band seit 35 Jahren in der ehemaligen Sowjetunion gastiert.

Vier Jahre später schließt G. einen Vertrag mit dem ZDF, der ihn 14 Jahre an den Mainzer Sender bindet. Über 3000 Titel hat er auf Schallplatte aufgenommen, darunter auch reine Tanzmusik.

Nach einem tragischen Unfall, bei dem 1992 sein Schwager ums Leben kommt, zieht sich der Orchesterchef, der jahrzehntelang die deutsche Musikszene prägt, ins Privatleben zurück. Nun aber greift er wieder zu seinem Saxophon.

G. ist seit 1948 mit Frau *Johanna* verheiratet. Er hat einen Sohn, *Max* (geb. am 10. Oktober 1951), der heute ein bekannter Pianist ist, und eine Tochter, *Hanne*.

Kontaktadresse:
Polydor
Glockengießerwall 3
20095 Hamburg

Grothe, Franz

wird am 17. September 1908 als Sohn eines Kapellmeisters in Berlin geboren. Schon als Fünfjähriger erhält er Klavier- und Violinenunterricht. Während er das Humanistische Gymnasium in Steglitz besucht, beginnt er zu komponieren, und lädt als 17jähriger Mitschüler und Verwandte zu einer privaten Uraufführung, in der er Teile seiner ersten Operette präsentiert.
Im Anschluß daran studiert er Violine, Klavier und Theorie und arbeitet als Pianist und Arrangeur im Orchester von *Dajos Béla*, mit dem er zahlreiche Länder bereist.
Bei der *„Lindström-Odeon-AG"* nimmt er mit *Richard Tauber* dessen Platten auf.
Er schreibt für *Lehar, Kálmán* und *Robert Stolz* und leitet ab 1940 fünf Jahre lang das *„Deutsche Rundfunk-, Tanz- und Unterhaltungsorchester Berlin"*.
Er macht die Musik zu 170 Filmen, komponiert Lieder und dirigiert in über 50 Sendungen das Orchester der Fernsehsendung *„Zum Blauen Bock"*.
G., der seit 1949 in Oberbayern lebte, stirbt im Alter von fast 74 Jahren nach seinem letzten Konzert am 12. September 1982 in Köln.

Gstettner, Gustl

wird als *Gerhard Wesche* am 29. September 1937 in Augsburg geboren. Nach der Mittleren Reife absolviert er ein Praktikum (Webereien, Druckereien) und beginnt 1957 das Studium an der Textil-Ingenieurschule Reutlingen mit der Fachrichtung „Textile Flächengestaltung".
Da er nebenbei Gesang studiert und Klarinette spielt, entstehen die ersten Kompositionen. 1958 übernehmen *Hugo Strasser* und sein Orchester seinen Titel *„Ausgerechnet Du"*.
Nach Beendigung seines Textil-Studiums geht G. in die Schweiz. Dort spielen *Frank Valdor* und *Werner Baumgartner* seine Titel. Obwohl sein Hobby, die Musik, langsam zum zweiten Beruf wird, hat seine Arbeit als Createur für namhafte Schweizer Seidenfirmen immer noch Vorrang. Erst 1982 zieht er sich als Textildesigner zurück, um sich nun ganz der Musik zu widmen. So textet und komponiert er unter dem Schlager-Pseudonym *Frank Thorsten* u.a. für *Christian Anders, Tom Astor, Gilbert Becaud, Roland Kaiser* und unter dem volkstümlichen Schlager-Pseudonym *Gustl Gstettner* u.a. für das *„Alpenland-Quintett"*, für die *„Kastelruther Spatzen"* (*„Grand Prix"* 1990), für *Patrizius, Ernst Mosch* u.a.
1991 erhält er den „Oscar" der Volksmusik, das *„Edelweiß"*.

Kontaktadresse:
Feldstraße 52
CH-8704 Herrliberg

Gunsch, Elmar

Der Moderator wird 1931 in Österreich geboren, lebt aber seit 1961 in Deutschland. Nach dem Abitur studiert er Theaterwissenschaften, im Nebenfach Musik. Bundesweit bekannt wird er durch die Moderation der ZDF-Sendung *„Lustige Musikanten“*, in der er Volksmusik präsentiert. Nach einem Zwischenspiel als ZDF-Wetterfrosch moderiert G. Sendereihen wie *„Das Sonntagskonzert“* oder *„Wiedersehen macht Freude“*.

Kontaktadresse:
Schlehenweg 19
60433 Frankfurt

Haas, Christa

wird am 9. April 1942 in Hamburg geboren. Schon während ihrer Schulzeit singt sie in Chören. Neben ihrer Berufsausbildung als Export- und Speditionskauffrau nimmt sie Gesangsunterricht bei der Konzertsängerin *Ina Graffius*.
Nach ersten öffentlichen Veranstaltungen, auf denen sie bekannte Musical-Melodien und Schlager präsentiert, erscheint bei *Ariola* ihre erste Single mit dem Titel *„Alles Geld auf dieser Welt"*.
Dann entdeckt sie ihre Liebe für das volkstümliche Lied. Damit tritt sie in bekannten Fernsehsendungen wie *„Haifischbar"* und *„Freut Euch des Nordens"* (NDR), auf. Gern gesehener Gast ist sie in der Norddeutschen Hitparade *„Bi uns to Hus"*. 1994 produziert *Peter Sebastian* mit ihr die CD *„Sailor Farewell"*.

Kontaktadresse:
Am Knill 21 a
22147 Hamburg

Haas, Waltraud

wird am 9. Juni 1927 dort geboren, wo Wien am schönsten ist: In der Umgebung des Schlosses Schönbrunn, wo ihre Eltern ein bekanntes Restaurant führen. Zwar besucht sie drei Jahre lang eine Modeschule, wechselt dann aber spontan zum Konservatorium für darstellende Kunst in der Donau-Metropole. Nebenher läßt sie sich von der Burgschauspielerin *Julia Hanssen* privat als Schauspielerin ausbilden. Gleich nach Ende ihres Studiums 1946 erhält H. ihr erstes Engagement am Landestheater in Linz.
Obwohl sie über 80 Spielfilme dreht und zu den gut beschäftigten TV-Darstellerinnen gehört, bleibt H. dem Theater treu. Als Sängerin findet sie ihre Glanzrolle als Wirtin in der Operette *„Im weißen Rössl"*.
Sie ist seit 1966 mit dem Schauspieler und Regisseur *Erwin Strahl* verheiratet. Sohn *Marcus*, 26, wird ebenfalls Schauspieler.

Kontaktadresse:
Küniglberggasse 45
A-1130 Wien

Hagara, Willy

wird am 4. Juni 1927 in Wien geboren. Nach der Schule wird H. Postbeamter, bis er 1946 einen Schlagerwettbewerb im Wiener Konzerthaus gewinnt. Schon mit seinen ersten Singleplatten *„Eine Kutsche voller Mädels"*, 1955, und *„Casetta in Kanada"*, 1948, hat er große Erfolge und tritt in Rundfunk- und Fernsehsendungen auf. Aufgrund seiner großen Popularität sieht man den österreichischen Sänger auch in einigen Filmrollen.

Kontaktadresse:
Am Hendlberg 4
65375 Hallgarten/Rhg.

Hansi & Maxi

Maxi wird am 26. März 1981, *Hansi* am 6. November 1983 geboren. Ihr Vater ist der Klarinettist *Henry Arland*, der früh das Talent seiner Söhne erkennt und fördert. *Maxi* lernt so Klavier, der kleine *Hansi* Klarinette. 1993 treten sie erstmals öffentlich mit ihrem Vater auf und siegen sofort mit der *„Rosenmelodie“* in der *„Hitparade der Volksmusik“*. 1994 vertreten sie Deutschland beim *„Grand-Prix der Volksmusik“* und gewinnen gemeinsam mit ihrem Vater und dem Titel *„Echo der Berge“* Platz 1. Ein Jahr später wagen sie den Alleingang und schaffen mit dem Titel *„Heimatglokken“* aus der Feder von *Günther Behrle* den Einzug ins Finale. 1995 nehmen die beiden jungen Musiker ihre erste eigene LP mit Weihnachtstiteln auf, die von ihrem Vater produziert wird.
Großvater *Rolf Arland*, ein bekannter Komponist, schreibt 1965 den Titel *„Ganz in weiß“*, mit dem Roy Black schon zu Lebzeiten unsterblich wird.

Kontaktadresse:
Ludwig-Thoma-Str. 6
83209 Prien

Harzbecker, Astrid

wird am 8. Februar 1965 im sächsischen Riesa geboren. Als Grundschülerin beginnt sie ihre Gesangsausbildung und lernt Gitarre und Klavier. Als sie nach dem Abitur Musikerin werden will, muß sie in der ehemaligen DDR zunächst als Werktätige in die Stahlproduktion. Bei betrieblichen Kulturprojekten tritt sie als Sängerin auf und darf dann 1985 ihr Musikstudium in Leipzig beginnen, das sie als Diplom-Musikpädagogin abschließt. 1991 gewinnt sie beim *Herbert-Roth-Festival* in Suhl den 1. Platz mit *„Oh Maria, Deine Berge“*. Dieses Lied wird später unter dem geänderten Titel *„Oh Maria, schütz die Berge“* ein Hit. Da ihre Stimme sehr an die der unvergessenen *Alexandra* erinnert, singt sie bei Auftritten auch einige ihrer Lieder wie z.B. *„Zigeunerjunge“*. 1994 entsteht ihre erste Produktion mit Titeln wie *„Silberweißer Vogel“* oder *„Siehst Du nicht den Regenbogen“*.

Kontaktadresse:
Montana
Königinstr. 121
80802 München

Harzer Rotkehlchen

Die Volksmusikgruppe aus dem Harz wird 1993 von *Klaus-Dieter Guse* gegründet. Aus der ursprünglich reinen Kindergruppe wird im Laufe der Zeit ein Frauen- und Mädchenchor, der sogar zu einer großen Tournee nach Amerika eingeladen wird. Produzent ist der Chef des Musikantenstadl-Orchesters *Wolfgang Lindner*.

Kontaktadresse:
Klaus Guse
Sösetalstr. 17
37520 Osterode / Riefensbeek

Hauff, Andreas

Er wird als *Paul Zacj* am 26. Januar 1944 in Preßburg geboren. In Linz in Oberösterreich besucht er nach der Schule das Bruckner-Konservatorium. Bei einigen Volksmusik-Gruppen sammelt er musikalische Erfahrungen, bevor er in seiner Wahlheimat München als Solist entdeckt wird. Sein bislang größter Erfolg ist das Lied „*Sag Dankeschön mit roten Rosen*", zu dem er auch den Text geschrieben hat.

Hauff & Henkler

das Gesangspaar *Monika Hauff* (geboren am 17. April 1944 in Wernigerode) und *Klaus Dieter Henkler* (geboren am 19. Januar 1949 in Seebenau/Heide) sind in der ehemaligen DDR als Interpreten volkstümlicher Melodien ein außergewöhnlich erfolgreiches Duo. Während *Monika H.* ihre musikalischen Erfahrungen als Chor- und Solosängerin sammelt, studiert *Klaus Dieter H.* Gesang und Klavier. Im vereinten Deutschland setzen die beiden ihren Erfolg fort.

Kontaktadresse:
Poststraße 25
10178 Berlin

Heck, Dieter Thomas

wird als *Carl Dieter Heckscher* am 29. Dezember 1937 in Flensburg geboren und wächst in Hamburg auf. Als der Junge nach einem Bombenangriff auf die Hansestadt zu stottern beginnt, schicken die Eltern ihn zum Sprech- und Gesangsunterricht. Nach Abschluß der Realschule und einer technischen Oberschule absolviert H. eine kaufmännische Lehre.

Von 1957 bis 1961 verkauft H. Autos. Dann entdecken ihn der Rundfunk und das Fernsehen (*Peter Frankenfeld* in der Sendung *„Toi-toi-toi“*, 1959). Wegen seiner markanten Stimme, die damals schon sein Markenzeichen ist, geht er 1964 für zwei Jahre als Diskjockey zu *„Radio Luxemburg“*. Und weil es dort schon den Moderator *Dieter Weidenfeld* gibt, legt sich H. den zweiten Vornamen *„Thomas“* zu. Zum Wendepunkt seines Lebens wird 1966 sein Wechsel zur *„Europawelle Saar“*. Dort begegnet er dem Regisseur *Truck Branss*, mit dem „der Schnellsprecher“ 1969 als Pionier die erste deutschsprachige *„ZDF-Hitparade“* ins Leben ruft. Seitdem gilt H., der die *„ZDF-Hitparade“* bis Ende 1984 183mal moderiert, als Verfechter des deutschsprachigen Liedes.

Mit zahlreichen Fernsehshows (*„Musik liegt in der Luft“*, *„Melodien für Millionen“*, *„Pyramide“*) im ZDF und (*„Die Schlagerparade der Volksmusik“*, *„Die deutschen Schlagerfestspiele“*) in der ARD schreibt der Unterhaltungsprofi, der mit der *„Dito Multimedia Produktions GmbH“* 1972 ein eigenes

Unternehmen gründet, ein wichtiges Stück deutscher Fernsehgeschichte für die erfolgreichen und beliebten deutschsprachigen Interpreten und Autoren. Er erfindet *„Die Goldene Stimmgabel"*, die alljährlich im Wechsel von ARD und ZDF verliehen wird.

H. macht sich aber auch als Schauspieler einen Namen. Seine Mitwirkung in TV-Produktionen wie *Wolfgang Menges „Millionenspiel"* 1970, im *„Tatort"* 1981 oder den Serien *„Café Wernicke"* und *„Praxis Bülowbogen"* sichern ihm die Anerkennung der Kritiker. 1996 übernimmt H., der auch als Sänger erfolgreich ist, als dritter Moderator die TV-Lotterie *„Aktion Sorgenkind"*.

H. ist seit 1976 in zweiter Ehe mit *Ragnhild (Möller)* verheiratet. Sie leitet die eigene Produktionsfirma. Aus dieser Ehe stammt Tochter *Saskia Fee Isabel*. Die Söhne *Rolf-Nils* und *Kim* aus H.s erster Ehe sind von *Ragnhild* adoptiert worden.

Kontaktadresse:
Schloß Aubach
77886 Lauf / Baden

Hee, Hans

wird am 30. Januar 1924 als erstes von fünf Kindern in Sao Paulo in Brasilien geboren. Es wächst aber im heutigen Albstadt auf, und schreibt mit neun Jahren sein erstes Gedicht. Weil ihm das von Muttern „verordnete" Geigenspiel wohl nur wenig Spaß macht, tauscht er das Saiteninstrument gegen ein Fahrrad ein.

Nach dem Krieg an die Weser verschlagen, heiratet H. und beginnt 1946 bei der Polizei in Bremen, wo ihn die Musik wieder einholt: Er schreibt für *James Last*, für *„Die drei Peheiros"* und textet Features und Moderationen. Seine ersten erfolgreichen Titel als Textdichter und Komponist sind *„Wasser ist zum Waschen da"* und *„Es hängt ein Pferdehalfter an der Wand"*. Als H. 1959 sein Beamtendasein quittiert, schreibt er Drehbücher für die TV-Reise-Show *„Spiel mit Vieren"* und für *Wolfgang Roloff* (*„Ronny"*) so erfolgreiche Titel wie *„Oh, my Darling Caroline"* oder *„Kleine Annabell"*. Er schreibt für *Heintje*, für *Dorthe*, für *Tony Marshall* und mit durchschlagendem Erfolg für die *„Mühlenhof-Musikanten"*, die H. auch produziert. H. ist Präsident des Deutschen Textdichterverbandes und gehört dem Aufsichstrat der *GEMA* an. 1992 erhält H. für seine Arbeit das *„Edelweiß"*.

Kontaktadresse:
Teneverstraße 3 b
28325 Bremen

Heesters, Johannes

bürgerlicher Name *Johannes Marius Nikolaas* wird am 5. Dezember 1903 in Amersfort als Sohn eines Kaufmannes geboren. Den Wunsch, Priester zu werden, gibt H. auf, als sich ihm die Gelegenheit bietet, eine Theatergruppe zu gründen. Er betätigt sich in jungen Jahren aber auch anderweitig kreativ, entwirft Werbeplakate und interessiert sich für das Bankwesen. Jedoch nur für kurze Zeit, weil er seine Liebe zum Theaterspiel wiederentdeckt und sich in Amsterdam für eine Schauspiel- und Gesangsausbildung anmeldet. Das Geld für's Studium verdient er in einer Süßwarenfabrik.

Nach ersten kleinen Rollen an Sprechbühnen in Amsterdam, Den Haag und Rotterdam wechselt der Tenor ins Operettenfach und gibt sein Debüt 1934 an der „*Volksoper*" in Wien.

Seinen Durchbruch aber schafft H. in Berlin, wo er ab 1935 an der „*Komischen Oper*", am „*Metropol-Theater*" und im „*Admiralspalast*" zum Publikumsliebling avanciert. Große Ufa-Produktionen wie z.B. 1936 „*Der Bettelstudent*" mit *Marika Rökk* und „*Das Hofkonzert*" mit *Martha Eggerth*, die in der Nähe von New York lebt, machen den damals 32jährigen zum ungekrönten Leinwandstar.

Dennoch bleibt H. der Bühne, dem Musiktheater treu: So spielt er 750mal den „*Honoré*" in „*Gigi*". Den „*Grafen Danilo*" in *Lehars* „*Lustiger Witwe*" sogar in 1600 Vorstellungen. Und mit seinem „schier unver-

wüstlichen Charme", so die Kritik, glänzt er in seiner Paraderolle als *„Casanova auf Schloß Dux"* auf großen Theater-Tourneen. Auch im Fernsehen, in zahlreichen Shows und Specials ist *„Jopie"*, wie ihn seine Freunde nennen, zu sehen.
H. war seit 1930 in erster Ehe mit der holländischen Schauspielerin und Sängerin *Louisa H. Ghijs* verheiratet. Aus dieser Verbindung stammen die Kinder *Wiesje*, eine Pianistin, und *Nicole*, die ebenfalls eine anerkannte Bühnen- und Filmschauspierin wurde.
Seit 1992 ist H. mit der 46 Jahre jüngeren Schauspielerin *Simone Rethel* verheiratet, die auch als Malerin einen guten Namen hat.

Kontaktadresse:
Heimgartenstraße 21
82319 Söcking

Heidi & Pia

Das Gesangsduo stammt aus Hausen bei Aschaffenburg, wo *Heidi* am 1. Juni 1966 und ihre Schwester *Pia* am 25. November 1968 geboren werden. *Heidi Völker* tritt bereits mit sechs Jahren vor Publikum auf, weil sie schon in diesem Alter gekonnt jodelt. Als dann 1977 ihre Schwester *Pia Völker* dazukommt, gründen die beiden musikalischen Schwestern das Duo *Heidi & Pia*. 1985 werden die beiden von dem Produzenten *Robert Jung* entdeckt, der für sie Lieder schreibt wie *„Viel Spaß und viel Vergnügen“*, *„Zigeunerkind“* oder *„Fang die gute Laune ein“*.

Kontaktadresse:
Osteringstr. 20
63840 Hausen

Heimat-Duo, Das, Judith & Mel

Judith, geboren am 17. Juli 1952 in Oldenburg, und *Mel*, geboren am 1. Oktober 1943 in Falkenau (Oberschlesien), schreiben die wohl außergewöhnlichste Erfolgsgeschichte der jüngeren volkstümlichen Musikszene. *Mel*, als *Mel Jersey* seit fast zwei Jahrzehnten in der Pop-Branche ein bekannter und etablierter Interpret, nimmt eines Tages seine Frau *Judith*, ein ehemaliges Mannequin, mit ins Dortmunder Tonstudio. Da sagt der Techniker: „Singt doch mal ein paar Takte zusammen ...".
In dieser Nacht, im Januar 1990, entsteht das neue „Traum-Paar der Volksmusik", das *„Heimat-Duo"*. Sie treten im gleichen Jahr zum erstenmal gemeinsam beim *„Grand Prix"* mit ihrem Erfolgstitel *„Land im Norden"* auf. Seitdem liegt das sympathische Duo - wie *Michael Schuhmacher* beim *„Grand Prix"* der Formel 1 - auf den ersten Plätzen. Auch als Texter und Komponisten beweisen die beiden Künstler, die auch im Privatleben ein Paar sind, daß sie ihr Herz am Pulsschlag der Menschen haben, die sie so sehr lieben. Mit ihren Titeln (*„Komm' kuscheln"*, *„Wir"*) ist das *„Heimat-Duo"* in allen großen Fernsehsendungen erfolgreich und in den Hitparaden oft auf dem Sieger-Treppchen. So gibt es kaum eine Auszeichnung, die nicht das hübsche Heim der beiden in Oldenburg schmückt. *Judith und Mel* haben zwei Töchter: *Julia* ist 16 und eine erfolgreiche Pferdesportlerin, *Jane* ist 23 und Grafikerin bei einer Hamburger Werbeagentur.

Kontakadresse:
Von-Helmholtz-Straße 6
26133 Oldenburg

Heino

bürgerlicher Name *Heinz Georg Kramm*, wird am 13. Dezember 1938 in Düsseldorf geboren. Seinen Vater *Heinrich*, Dentist im Arbeiterviertel Oberbilk, hat er kaum kennengelernt. Er fällt 1941 an der Ostfront. Mutter *Franziska* arbeitet als Putzfrau, um die Kinder *Hannelore* und *Heinz Georg* sattzukriegen. Geprägt durch die ständige Angst, noch einmal Hunger leiden zu müssen, rät die lebenserfahrene Frau ihrem Sohn, nach Abschluß der Volksschule eine Bäckerlehre zu beginnen. Das tut er auch und schuftet täglich zwölf Stunden für den kargen Monatslohn von zehn Mark.
1961 gründet H. mit Freunden ein Terzett, das bei bunten Abenden und in Tanzlokalen auf die Pauke haut.
Während einer Modenschau in Quakenbrück (bei Osnabrück) wird der Sänger *Ralf Bendix* auf den Sänger H. aufmerksam und produziert mit ihm eine erste Platte, die mit dem Titel *„Jenseits des Tales“* 1965 auf den Markt kommt und auf Anhieb ein Hit wird.
Obwohl von vielen belächelt und angefeindet, beginnt der Sänger *Heino* einen Siegeszug durch die Hitparaden bei Funk und Fernsehen - und ist nicht aufzuhalten. Er gilt als Pionier, der das Singen von Volksliedern wieder populär gemacht hat. Und so wird H. im Laufe seiner 40 Bühnen- und 30 Plattenjahre zu einer Kultfigur, die sich nicht zu schade ist, sein Publikum auch mal mit einer Rap-Version seines *„Blauen Enzian“* zu überraschen.

Seit 1973 hat H. seine eigenen Fernsehshows. Dem Porträt *„Heino - ein deutscher Sänger“* folgen Serien beim ZDF (*„Sing mit Heino“* 1977), bei RTL und SAT. 1. Zu seinem Doppeljubiläum im Herbst 1995 veröffentlicht der blonde Troubadour seine Memoiren: *„Heino - und sie lieben mich doch“*. Deutschlands erfolgreicher Sänger - er verkauft über 30 Millionen Tonträger - ist seit 1979 mit der österreichischen *Hannelore*, der Tochter eines Linzer Postbeamten verheiratet. Das Paar ist (mit Sohn *Uwe* aus *Heinos* erster Ehe) in Bad Münstereifel zu Hause. Dort züchtet der Tierfreund in seiner Freizeit Schäferhunde.

Kontaktadresse:
Büro Heino
Postfach 13 60
53896 Bad Münstereifel-Eicherscheid

Heintje

wird als *Hendrik Nikolas Simons* am 12. August 1955 als Sohn eines Bergmanns in Heerlen in Holland geboren. Entdeckt wird der damals Elfjährige, der manchmal im Lokal seiner Eltern singt, von dem Produzenten *Addy Klejngeld*, der ihn zu dem Bremer Plattenproduzenten *Wolfgang Roloff* (bekannt als Sänger *„Ronny"*) bringt. Ihm verdankt der damals kleine Holländer (*„Mama"*, *„Ich kauf dir ein Schloß"*) eine Bilderbuchkarriere mit 27 deutschen und 13 niederländischen *Goldenen Schallplatten*. Zahlreichen Fernsehsendungen folgen auch Spielfilme wie *„Zum Teufel mit der Penne"* oder *„Einmal wird die Sonne wieder scheinen"*.

Nach dem Stimmbruch sieht man den Kinderstar 1972 noch einmal in der *Torriani-Show „Vico, Heintje und ein Elefant"*. Dann zieht er sich eine zeitlang aus dem Showgeschäft zurück, um sich eine eigene Existenz zu schaffen. Z. B. einen Textilhandel mit einer Sportswear-Kollektion. Nach der Wiedervereinigung allerdings gehen in den neuen Bundesländern noch einmal sechs Millionen Tonträger mit alten *Heintje*-Hits über die Ladentische.

Und 1995 überrascht *Hein Simons* mit einer Rapversion seines Erfolgstitels *„Mama"*.

H. ist seit 1981 mit der Kosmetikerin *Doris Uhl* verheiratet. Das Paar hat drei Kinder: *Paqual*, *Gina* und *Hendrik*.

Kontaktadresse:
B 4721 Neu-Moresnet, Belgien

Hellwig, Maria und Margot

Maria H. wird am 22. Februar 1926 in Reit im Winkl als Tochter eines Elektromeisters geboren. Da ihre Eltern als Laienschauspieler am örtlichen Bauern-Theater mitwirken, findet auch ihre erst sieben Jahre alte Tochter schon früh den Weg auf die Bühne. Allerdings macht sie nach dem Besuch der Volksschule ab 1940 eine Kaufmannslehre. Sie arbeitet auch im Fremdenverkehr, doch das Theater läßt sie nicht mehr los. In dieser Zeit lernt sie auch ihren ersten Mann, *Joseph Fischer*, kennen, der als Soldat in Rußland fällt. Aus dieser Ehe ist Tochter *Margot*, die später mit ihrer Mutter singt, und mit ihr in zahlreichen Fernsehsendung zu sehen ist.
1942 wird Kammersänger *Martin Kremer* auf ihre schöne Sopranstimme aufmerksam und empfiehlt H. ein Gesangsstudium. Das absolviert sie dann in der Opernklasse der Musikakademie in München. Während der ersten Nachkriegsjahre singt sie in amerikanischen Klubs und spielt Theater an der Singspielbühne ihrer Heimatstadt.
1946 erhält die Sängerin dann ein Engagement der *„Hamburger Volksoper"*, wo sie bis 1948 ihre Karriere als Operettensoubrette erfolgreich fortsetzen kann. Dann aber kehrt sie mit dem Musiker *Addi Hellwig*, der das Jodeltalent seiner späteren Frau entdeckt, zurück in ihre bayerische Heimat. Im berühmten *„Platzl"* in München legt sie dann den Grundstein für ihre zweite Karriere. Durch Schallplatten, Gastspiele und Tourneen durch die Republik

wird auch das Fernsehen aufmerksam auf die beliebte Heimatsängerin. Nach Heimatfilmen (*„Der Jäger von Fall“*), nach erfolgreichen Tourneen mit dem Orchester *Max Greger* durch Rußland, Kanada, Amerika und Japan wird H. als die *„Botschafterin der deutschen Volksmusik“* gefeiert. Für das Fernsehen tritt sie im ZDF (*„Die Musik kommt“*) und bei RTL (*„Die Heimatmelodie“*, zusammen mit Tochter *Margot*) als Moderatorin auf.

Eine echte Vollblutmusikerin ist nämlich auch Tochter *Margot.* Sie beginnt wie ihre Mutter im Volks-Theater, studiert Gesang, und gewinnt bei einem Nachwuchswettbewerb den ersten Preis für Koloratur-Sopran. Gemeinsam besingen *Maria* und *Margot Hellwig* über 50 Platten und CDs und werden für ihre Kunst (das kommt von Können) mehrfach ausgezeichnet.

Das Duo *Maria und Margot Hellwig* tritt bei Rundfunk- und Fernsehsendungen auf und geht alle Jahre wieder auf große Tourneen. Trotz zahlreicher Verpflichtungen aber finden die beiden immer noch Zeit für die vielen Fans, die nach Reit im Winkl reisen, um ihre Lieblingsstars ganz privat zu erleben: Im bis weit über die weiß-blauen Grenzen hinaus bekannten *„Kuhstall“*.

Um all diese Geschäfte kümmert sich *Addi H.*, mit dem *Maria* seit 1948 verheiratet ist. Der Chef des Hauses ist Unterhaltungsmusiker, Programmgestalter, Produzent, Reisemanager und Buchhalter in einer Person.

Kontaktadresse:
Chiemseestraße
83242 Reit im Winkl

Herlinde

Die österreichische Sängerin und Jodlerin ist die Ehefrau von *Wolfgang Lindner*, dem Chef des Musikantenstadl-Orchesters *„Wolfgang Lindner und seine Stadlmusikanten“*. Nach ihrem ersten Auftritt im Alter von sieben Jahren wird sie in Österreich ein Kinderstar, singt danach in verschiedenen Volksmusik-Gruppen. Ihr größter Erfolg als Jodlerkönigin ist die Aufnahme des *„Erzherzog Johann Jodler“*. Anfang der 80er Jahre lernt H. *Wolfgang Lindner* kennen, den sie 1982 heiratet.
H. singt heute im Chor der *Stadlmusikanten.* Als Solistin veröffentlicht sie eine Platte mit altbekannten Liedern, unter anderem einer Neuaufnahme des Volksmusik-Klassikers *„Großvaters Uhr“*.

Kontaktadresse:
Burgplatz 2
A-3512 Mautern

Herman, Eva

wird am 9. November in Emden/Ostfriesland geboren. Nach dem Abitur absolviert sie beim Bayerischen Fernsehen eine Ausbildung als Journalistin. Beim Chefsprecher des Senders, *Dieter Traupe*, nimmt H. Sprechunterricht und wird 1983 Moderatorin. Als sie fünf Jahre später zum Norddeutschen Rundfunk („*NDR 2 am Vormittag*", „*Plattenkiste*") nach Hamburg wechselt, gibt sie ihr Debüt als Sprecherin der „*Tagesschau*" und moderiert andere aktuelle Sendungen wie die täglichen „*Berichte vom Tage*" und „*DAS!*".
Dieter Thomas Heck holt sie 1990 für die Präsentation seiner „*Schlagerparade der Volksmusik*". Für diese Arbeit wird sie 1993 in Berlin mit dem Fernseh-Oscar „*Edelweiß*" ausgezeichnet.
H. ist seit Dezember 1995 in dritter Ehe mit dem Journalisten *Tom Ockers* verheiratet.

Kontaktadresse:
Norddeutscher Rundfunk
Gazellenkamp 54
22504 Hamburg

Herrmann, Wolfgang

wird am 23. Juni 1950 in Bayern geboren. Nach Schule und Studium stellt er die Musik in den Mittelpunkt seines Lebens. Hauptberuflich ist er heute Leiter der *Musikschule Tegernsee*. Sein größter Erfolg in der Volksmusik ist der Titel *„Ein weißblauer Himmel“*, mit dem er 1992 das Finale im *„Grand Prix der Volksmusik“* erreicht. 1995 schafft er mit seinem Titel *„I hab' Di doch so liab“* zwar nicht den Einzug ins *„Grand-Prix“*-Finale, der Titel wird aber zu einem Wunschkonzert-Renner und erntet viel Kritikerlob. H. schreibt alle Melodien selbst und ist auch als Autor für andere Künstler tätig, unter anderem für *Gaby Albrecht*.

Kontaktadresse:
Koch International
Hermann-Schmid-Str. 10
80336 München

Hertel, Eberhard

wird am 29. November 1938 in Oelsnitz/ Vogtland geboren. Seine Tochter ist die Volksmusikerin *Stefanie Hertel*. H. wird nach seiner Ausbildung einer der erfolgreichsten Interpreten der damaligen DDR mit eigener Fernsehsendung. Er tritt sowohl als Solist als auch im Duett mit der Sängerin *Hannelore Kalin* auf. Mitte der 80er Jahre legt er den Grundstein für die Karriere seiner Tochter *Stefanie*, als er mit ihr in einer Fernsehsendung auftritt. Nach der Wende fördert er weiter ihre musikalische Laufbahn und singt mit ihr einige Lieder wie *„Hab' mich lieb"* oder *„Ein Rucksack voller Lieder"* im Duett, die von *Jean Frankfurter* produziert werden. Als seine Tochter mehr und mehr mit ihrem Freund *Stefan Mross* auftritt, widmet sich H. wieder seiner Solokarriere. 1996 erscheint seine erste Solo-Produktion nach der Wende.

Kontaktadresse:
Edition Montana
Königinstr. 121
80802 München

Hertel, Stefanie

wird am 25. Juli 1979 im sächsischen Oelsnitz im Vogtland geboren. Ihr Vater ist der bekannte Volksmusik-Künstler *Eberhard Hertel.* Mit ihm tritt die kleine *Stefanie* im Fernsehen der DDR auf und wird über Nacht ein Kinderstar. H. genießt eine solide musikalische Ausbildung. Nach der Wende wird sie vom Musikverleger *Hans R. Beierlein* entdeckt, der sie mit dem Produzenten *Jean Frankfurter* zusammenbringt. In Zusammenarbeit mit der Textdichterin *Irma Holder* entsteht das Lied *„So a Stücker'l heile Welt"*, mit dem H. 1991 den zweiten Platz beim *„Grand Prix der Volksmusik"* belegt. Dafür erhält sie das *„Edelweiß"* als erfolgreichster Nachwuchsstar. Auf ihrer ersten LP im vereinigten Deutschland singt sie auch Lieder mit *Marianne & Michael.* 1992 entsteht die zweite Produktion *„Über jedes Bacher'l geht a Brücker'l"*, mit dem sie den *„Grand Prix der Volksmusik"* gewinnt. Mit zunehmendem Alter verändern sich auch ihre Lieder. *Jean Frankfurter* und *Irma Holder* machen aus dem ehemaligen Kinderstar eine junge Frau. Ab 1993 entstehen Lieder wie *„Nicht jeder kann ein Mozart sein"* oder *„Wenn ich den ersten Walzer tanz"*. Bei Plattenaufnahmen wird 1994 aus der Freundschaft zu dem Trompeter und *Grand-Prix*-Sieger *Stefan Mross* Liebe, die große Beachtung in der Presse findet. Das junge Paar tritt 1995 gemeinsam zum *„Grand Prix der Volksmusik"* an und belegt mit *„Ein Lied für jeden Sonnenstrahl"* Platz 2.

Kontaktadresse:
Edition Montana
Königinstr. 121
80802 München

Hias

wird am 3. November 1950 als *Erich Matthias Mayer* in Rottenmann geboren. Sein Vater ist Forstarbeiter und ein begnadeter Harmonikaspieler. H. tingelt als junger Mann mit einzelnen Musikgruppen durchs Land, bis *Karl Moik* auf das Talent des urkomischen Künstlers aus dem Ennstal aufmerksam wird. Für *Moik* ein Glücksgriff, denn schon mit seinem ersten Auftritt *„Übern Laurenziberg"* erobert H. das Publikum und wird „das Urviech der Nation".

Kontaktadresse:
Erlsberg 100
A-8953 Donnersbach

Hill, Jonny

wird am 27. Juni 1940 in Graz geboren. Nur wenige seiner treuen Fans wissen, daß H. seine Karriere nicht als Sänger beginnt, sondern als Schauspieler. So erleben ihn seine österreichischen Landsleute in zahlreichen Filmrollen - und auf der Theaterbühne. Dann aber entdeckt H. seine Liebe zur Musik, beginnt als Autodidakt Gitarre zu spielen und startet - mit fast 30 Jahren - als Sänger. Er geht aber auch nach Nashville, sammelt mit der Band von *Garth Brooks* internationale Erfahrungen. *„Ruf Teddybär 1–4“* ist der Titel, der den Country-Sänger zum Star macht, weil er Glaubwürdigkeit ausstrahlt. So erhält H. dann 1989 auch beim RTL-Fernsehen eine eigene TV-Show mit dem Titel *„Kilometer 330“*, in die er deutschsprachige Kollegen wie *Tom Astor* und die Gruppe *Truck Stop* einlädt.

Kontaktadresse:
28197 Bremen

Hinnen, Peter

wird am 19. September 1941 in Zürich geboren. Schon als kleiner Junge wird er in der Schweiz, aber auch im benachbarten Ausland, ein Kinderstar. 1952 singt der kleine *Peter* bei einem Talentwettbewerb und wird für den Kinofilm *„Starparade"* entdeckt, in dem er an der Seite von *Conny Froboess* spielt. Sein erster Plattenerfolg kommt 1954 mit dem Titel *„Ro-Ro-Robinson"*. Nach dem Stimmbruch studiert H. am Konservatorium in Zürich Klavier und Bass. Nach umfangreichem Gesangsunterricht wird aus *„Peterli"* ein perfekter Sänger und Jodler. 1962 nimmt er das Lied *„Auf meiner Ranch bin ich König"* auf, das ebenso wie der Titel *„7000 Rinder"* zu einem Riesenhit wird. 1966 zieht er sich auf seinen Bergbauernhof zurück, feiert aber in den 90er Jahren im *Musikantenstadl* bei *Karl Moik* ein Comeback.

Kontaktadresse:
Füringenweid
CH-6362 Füringen

Hinterseer, Hansi

wird am 2. Februar 1954 im österreichischen Kitzbühel geboren. Weltbekannt wird der Frauentyp als Weltklasse-Skifahrer, der bei der Olympiade und den Weltmeisterschaften vor allem im Riesenslalom erfolgreich ist. Nach dem Ende seiner aktiven Karriere nimmt er eine Platte mit traditionellen Volksmusikliedern wie „*Bergvagabunden*" auf. H. lernt den Erfolgsproduzenten *Jack White* kennen, der ihm einige Lieder auf den Leib schreibt. Nach einem Auftritt bei *Karl Moik* im *Musikantenstadl* gewinnt er Anfang 1994 die *Hitparade der Volksmusik* mit dem Titel „*Du hast mich heut' noch nicht geküßt*". H. wird zum neuen Publikumsliebling, der mit Liebesliedern wie „*Du bist das schönste Mädchen*" oder „*Wenn man sich lieb hat*" seinem Stil treu bleibt.

Kontaktadresse:
Jack White
Arabellastr. 5
81925 München

Hofmann, German und seine Original Ochsenfurter Blasmusik

H. wird am 10. April 1942 in Frickenhausen bei Ochsenfurt geboren. Zwar spielt er schon im zarten Alter von sechs Jahren Trompete im Orchester seines Vaters. Nach der Schulzeit jedoch macht er erstmal eine Maurerlehre und den Abschluß mit Gesellenprüfung. Später erst absolviert er am Würzburger Konservatorium ein Musikstudium bei dem Trompeten-Professor *Stegmann* und gründet 1959 seine erste eigene Band. Er spielt bei verschiedenen Blasorchestern, bis er 1968 für den Volkstrachtenverein Ochsenfurt ein Orchester zusammenstellt. Heute zählen H. und seine *„Original Ochsenfurter Blasmusik"* zu den besten Orchestern in Europa. H. ist seit 1963 mit Frau *Irene* verheiratet. Sohn *Dieter* ist Tonmeister, Tochter *Karina* tritt als Sängerin mit dem Vater auf.

Kontaktadresse:
Klinge 30 b
97199 Ochsenfurt

Hofmann, Geschwister

Das erfolgreiche Gesangsduo stammt aus Meßkirch. *Alexandra* wird am 11. Februar 1974 geboren, ihre Schwester *Anita* am 13. April 1977. Als Kinder beginnen die beiden bereits ihre musikalische Ausbildung. *Alexandra* macht eine klassische Klavierausbildung, *Anita* lernt Trompete. Nach ersten Auftritten im Kindesalter bei Familienfeiern bekommen die beiden Gesangsunterricht und lernen weitere Instrumente wie Akkordeon, Panflöte, Saxophon und Alphorn. Bei einem Dorffest lernen sie das Erfolgsduo *arianne & Michael* kennen. Dadurch bekommen sie auch Kontakt zu dem Produzenten *Jean Frankfurter*. Der schreibt gemeinsam mit *Irma Holder* 1993 das Lied *„Alle Farben dieser Erde“*, mit dem sie beim *„Grand Prix der Volksmusik“* knapp geschlagen, den zweiten Platz belegen. Auch die Folgehits wie *„Madonna del Corona“* oder *„Wenn die Kraniche zieh'n“* erobern die Hitparaden. 1995 treten sie erneut an beim *„Grand Prix der Volksmusik“* mit *„Der Junge von San Angelo“*. Besonders gefragt sind sie bei Veranstaltern, weil sie ihre eigenen Lieder mit einer atemberaubenden Show präsentieren.

Kontaktadresse:
Heinrich-Kahn-Str. 27
89150 Laichingen

Holder, Irma

wird am 27. September in Rossbach/Wald in der Nähe von Regensburg geboren. Nachdem sie Anfang der 70er Jahre einige Texte an einen Musikverlag schickt, wird sie als Textdichterin entdeckt. Nach ersten Liedern für *Monica Morell* und den Chanson-Sänger *Peter Horton* schreibt sie Texte für *Udo Jürgens* (*„Der gekaufte Drachen“*), *Howard Carpendale* (*„Hello Again“*), *Karel Gott*, *Andy Borg* und *Roy Black*.
1985 trifft sie den Komponisten *Erich Ließmann*, der unter dem Namen *Jean Frankfurter* erfolgreich arbeitet. Die beiden bilden fortan ein Team und haben ihren ersten gemeinsamen Erfolg mit der Entdeckung von *Patrick Lindner* und seinem Titel *„Die kloane Tür zum Paradies“*. H. wird unbestritten die erfolgreichste und gefragteste Textdichterin in Deutschland. Neben der Volksmusik schreibt sie auch Schlagertexte, unter anderem für *Kristina Bach*. In der Volksmusik entstehen Titel wie *„Über jedes Bacher'l geht a Brücker'l“* (*Stefanie Hertel*), *„Alle Farben dieser Erde“* (*Geschwister Hofmann*). Mit *Günter Noris* schreibt H. den Titel *„Geschenkte Jahre“* für *Vico Torriani*. Gemeinsam mit *Jean Frankfurter* schreibt sie Titel für *Marianne & Michael* (*„Die Zeit der Gummibärchen“*), das *Nockalm Quintett*, das *Alpentrio Tirol*, außerdem alle Titel für *Stefanie Hertel* und *Patrick Lindner*. Millionen-Erfolge haben ihre Titel, die von den *Kastelruther Spatzen* interpretiert werden.

Kontaktadresse:
71116 Gärtringen

Hoppe, Heinz

bürgerlicher Name *Heinz Clemens Hoppe* wird am 26. Januar 1924 in Saerbeck/ Münsterland als Sohn eines Landwirtes geboren. 1948 aus der Schule in den Krieg einberufen, kehrt der 23jährige aus russischer Kriegsgefangenschaft in die Heimat zurück, wo er schon durch seine schöne Stimme auffällt.
1950 erhält er ein Stipendium der Westdeutschen Musikakademie Detmold, wo der nahmhafte Pädagoge Prof. *Fritz Husler* den wohlklingenden Bariton zum lyrischen Tenor umschult.
Sein Debüt gibt H. 1953 als *„Xerxes“* an den *Städtischen Bühnen Münster*. Nach Engagements in Bremen (1955) folgt 1957 das Engagement in Hamburg, wo er an der renommierten *Staatsoper* fast zwei Jahrzehnte als Erster lyrischer Tenor die großen Mozartpartien singt. 1962 wird H. durch Professor *Rolf Liebermann* zum - damals jüngsten - Kammersänger der Bundesrepublik ernannt.
H. wird aber auch an den Opernhäusern in Frankfurt und München gefeiert, an der weltberühmten *„Metropolitan Opera“* in New York, an der Mailänder *„Scala“*, bei den Festspielen in Edinburgh, in Paris, Lissabon und Madrid.
H. ist einer der meistbeschäftigten Rundfunksänger Deutschlands und auf über 200 Schallplatten und CDs zu hören, in über 50 Opern- und Operettenpartien, mit Oratorien, Messen und Liederzyklen von *Mendelssohn-Bartholdy, Schubert* und

Schumann. Er hat sich aber auch mit Liebe dem volkstümlichen Liedgut gewidmet. Mit über 500 Titeln ist H. auch Gast in beliebten Rundfunk- und Fernsehsendungen wie *Torrianis „Goldenem Schuß"*, *Schenks „Blauem Bock"*, *Frankenfelds „Musik ist Trumpf"* oder *Hecks „Melodien für Millionen"*.

1976 beruft ihn die Staatliche Hochschule für Musik in Heidelberg-Mannheim zum Leiter der Opernklasse. H. erhält eine Professur für Sologesang.

1974 heiratet er in zweiter Ehe die Essener Journalistin *Claudia Brauckmann*, die er während eines Interviews kennenlernt. Ein Jahr später wird Tochter *Xenia Katinka* geboren.

H. stirbt am 7. April 1993 in einer Mannheimer Klinik.

Huber, Lydia

wird am 14. Dezember 1943 in Bremen geboren. Ihre Eltern stammen aus Meran in Südtirol. H. wächst in Innsbruck auf und zieht 1960 nach Bernau. Dort wird sie entdeckt, als sie die Pausen bei Aufführungen des *Bernauer Volkstheaters* als Sängerin überbrückt. Nach ersten Erfolgen nimmt H. Gesangsunterricht bei *Ingeborg Hallstein* in München. Nach der ersten Plattenveröffentlichung hat sie auch ihren ersten Fernsehauftritt in der Sendung „*3 x 9*" bei *Wim Thoelke*.
H. tourt seit dieser Zeit durch die ganze Welt. Auftritte in Lima in Südamerika sind ebenso dabei wie eine Sechs-Monats-Tournee mit *Maxl Graf* und dem *Bayrischen Bauerntheater*. Zu ihren großen Hits gehören Titel wie „*Angelus Domini*", „*Sag Dankeschön mit roten Rosen*" oder „*Ich bin keine Emma*".

Kontaktadresse:
Postfach 12 26
83231 Bernau-Chiemsee

Isabella

wird am 9. Januar 1983 in Höllemarxgrün in Oberfranken als *Isabella Hönl* geboren. Nach ihrem Sieg in der Fernseh-Talentshow *„Alles Banane“* wirkt sie zunächst in der Kinder-Volksmusiksendung *„Pomm Fritz und Edelweiß“* mit. Dort wird sie von Musikverleger *Hans R. Beierlein* entdeckt, der mit ihr einige Titel produziert, zum Beispiel eine Neuaufnahme des Evergreens *„Pack die Badehose ein“*. Mit *Wolfgang Edenharder* singt *Isabella „Schön ist es auf der Welt zu sein“* und *„Ein Lied für Tiere“*. Ihr bislang größter Erfolg ist allerdings 1994 die Teilnahme beim *„Grand Prix der Volksmusik“*, bei dem sie im Duett mit *Wolfgang Edenharder* den Titel *„Die Welt ist voll Bananenschal'n“* singt.

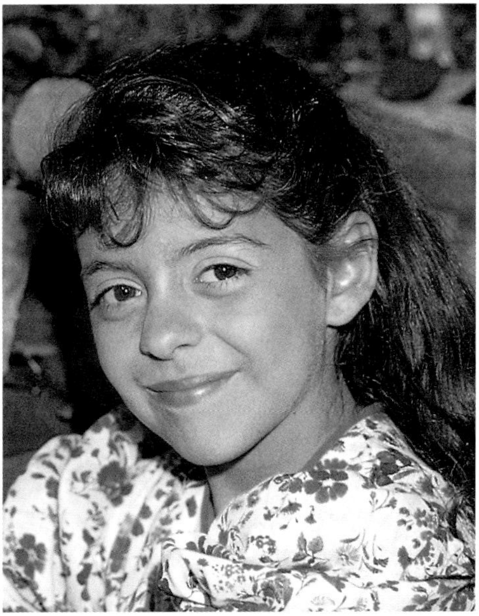

Kontaktadresse:
Humboldtstr. 11
95119 Höllemarxgrün

Jenny & Jonny

Jenny stammt aus Aurich, wo sie am 29. Januar geboren wird. Mit ihren Eltern und den vier Geschwistern macht die gebürtige Ostfriesin viel Hausmusik und entdeckt so ihre Liebe zur Volksmusik. Bevor sie sich ganz der Musik widmet, lernt sie zunächst das Schneiderhandwerk. *Jonny* wird am 21. Juli in Großefehn geboren. Seinen Wunsch nach einem Musikstudium können die Eltern nicht erfüllen. So wird *Jonny* Elektriker, spielt aber seit dem 15. Lebensjahr als Gitarrist in verschiedenen Gruppen. Die beiden Solisten treffen sich 1986 und bilden das Duo *Jenny & Jonny*. Sie singen zunächst nur norddeutsche Lieder, wechseln aber bald zum volkstümlichen Schlager, den sie hochdeutsch darbieten. 1993 präsentieren sie *„Danke sag' ich Dir für Alles“* und landen damit bundesweit einen Hit.

Kontaktadresse:
Forstweg 15
26789 Leer

Jung, Robert

wird am 11. September 1935 in Niederlindewiese im (tschechischen) Alvatergebirge geboren. Er erlernt nach der Schule erst einmal einen ganz normalen Beruf und wird Großhandelskaufmann. Doch für den jungen Mann, für den zu der Zeit Noten schon interessanter sind als Ziffern, steht bald fest, daß die Musik sein weiteres Leben bestimmen wird. Bandleader *Max Greger* wird 1955 auf das junge Talent aufmerksam und bringt J. mit dem erfolgreichsten Schlagerproduzenten *Ralph Siegel* zusammen. Sein erster Song trägt den Titel *„Einmal verliebt, immer verliebt“*, und wird 1970 von *Peggy March* zum Erfolg geführt. Er schreibt später aber auch für *Peter Alexander, Nicole, Vico Torriani, Graham Bonny, Mireille Matthieu, Chris Roberts* und *Milva*.

Beim *„Grand Prix der Volksmusik“* 1992 geht sein Lied *„Doch des Herzklopfen ... des verdank i Dir“*, von *Angela Wiedel* präsentiert, als erfolgreichster Beitrag aus diesem Wettbewerb hervor. Mit *„La Pastorella“* löst J. 1975 einen Volksmusik-Boom aus, der bis heute anhält.

Der Autor und Komponist, der auch als Interpret seiner eigenen Produktionen (zusammengerechnet etwa 3000) seinen festen Platz hat, feiert 1995 seinen 60. Geburtstag. Er ist verheiratet mit Frau *Rosi*. Tochter *Dagmar* ist Regisseurin, Tochter *Melanie* Schauspielerin und Sohn *Robert jr.* Musikmanager.

Kontaktadresse:
Gartenstraße 15
85598 Baldham

Kabel, Heidi

K., bürgerlicher Name Heidi Mahler, wird am 27. August 1914 in Hamburg geboren. Sie wächst im Zentrum der Hansestadt auf, wo ihr Vater, ein Buchdrucker, niederdeutsche Abende veranstaltet. Nach der Schule möchte die soeben 18jährige Pianistin werden. Als sie jedoch eine Freundin zum Vorsprechen an der *„Niederdeutschen Bühne"* (*Richard Ohnsorg* ist der Leiter) begleitet, entschließt sie sich spontan, Schauspielerin zu werden. Eine ihrer ersten Rollen spielt sie dann 1933 in dem Stück *„Ralves Carstens"*. Sie absolviert eine Schauspielausbildung und heiratet 1937 ihren Kollegen *Hans Mahler*, der auch als Regisseur tätig ist. Als die Programme des *„Ohnsorg-Theaters"* seit 1954 durch Fernsehaufzeichnungen des Norddeutschen Rundfunks im gesamten deutschsprachigen Raum zu sehen sind, werden zwei Künstler des beliebten Ensembles zu gefeierten Publikumslieblingen: *Heidi Kabel* und *Henry Vahl*, ein einmaliger Komödiant, der bis kurz vor seinem Tode 1977 auf der berühmten Bühne steht.
Mit herrlich urkomischen und skurilen Rollen wie *„Tratsch im Treppenhaus"* (1966), *„Die Kartenlegerin"* (1982) und großen Tourneen erobert und rührt K. die Herzen der Menschen. Zahlreiche Fernsehfilme (u.a. mit ihrem Kölner Kollegen *Willy Millowitsch*), TV-Auftritte als Sängerin, Rundfunksendungen und veröffentlichte Bücher spiegeln die Vitalität der rastlosen Künstlerin wieder. Als sie 1994 ihren 80. Geburts-

tag feiert, ist ganz Hamburg auf den Beinen, um der großen Volksschauspielerin zu gratulieren.
Aus der Ehe mit dem 1970 verstorbenen *Hans Mahler* sind die erwachsenen Söhne *Jan-Rasmus, Heiko* und Tochter *Heidi*, die ebenfalls Schauspielerin geworden ist.

Kontaktadresse:
Ohnsorg-Theater
Große Bleichen 25
20354 Hamburg

Kartner, Pierre

wird am 11. April 1935 im holländischen Elst geboren. Schon während seiner Ausbildung zum Konditor spielt er in zahlreichen Amateurbands. 1976 hat er mit *„Die kleine Kneipe"* seinen ersten Erfolg als Komponist. 1978 wird er als *„Vader Abraham"* mit dem *„Lied der Schlümpfe"* weltbekannt. Im Bereich Volksmusik schreibt er Evergreens wie *„Kleine Fische werden groß"*.

Kastelruther Spatzen

Die Gruppe wird Mitte der 80er Jahre von *Karl Schieder* gegründet. Die Musiker der ersten Stunde stammen alle aus Kastelruth, einem kleinen Dorf am Fuß der Seiseralm. Als die Zahl der Auftritte steigt, beschließen sie die Trennung. Zur Erinnerung nehmen sie die Produktion *„Viel Spaß & Freude"* auf, die unerwartet ein Riesenerfolg wird. Besonders der Titel *„Das Mädchen mit den erloschenen Augen"* erobert die Hitparaden. Die Gruppe bleibt zusammen, nur Gründer *Karl Schieder* scheidet aus. In der Besetzung mit *Norbert Rier, Albin Groß, Walter Mauroner, Valentin Silbernagel, Karl Heufler* und *Oswald Sattler* werden die *Kastelruther Spatzen* innerhalb weniger Jahre zu einer der erfolgreichsten Gruppen in Europa. Meilensteine der Karriere sind Aufnahmen wie *„Tränen am Ende der Liebe", „Die größte Liebe"* oder *„Wenn Berge träumen"*. 1990 gewinnen sie mit dem Stimmungstitel *„Tränen passen nicht zu Dir"* den *„Grand Prix der Volksmusik"*. Produzent *Toni Kellner* und Arrangeur *Walter Widemair* schaffen in den Folgejahren einen unverwechselbaren Sound. Auch textlich gehen die *Kastelruther Spatzen* neue Wege und widmen sich in ihren Liedern für die Volksmusik ungewöhnlichen Themen wie Drogensucht, Gewalt in der Ehe, Religion, Mystik und Spielsucht. Sie interpretieren viele eigene Lieder, es arbeiten aber auch Autoren wie *Hans Greiner, Rudolf Müssig, Walter Leykauf, Günther Moll, Michael Schreiber, Leo Garsson* oder

Ben Brocker für sie. Ihre größten Erfolge wie *„Der rote Diamant"* oder *„Atlantis der Berge"* aber stammen aus der Feder von *Jean Frankfurter* und *Irma Holder*. 1993 scheidet *Oswald Sattler* aus, als neuer Gitarrist und zweiter Sänger kommt der Südtiroler *Andreas Fulterer* dazu. Bei Live-Auftritten werden sie von dem gebürtigen Würzburger *Rüdiger Hemmelmann* verstärkt. Sie haben über 30 Gold-, Platin-, Doppelplatin-Platten bekommen. Außerdem werden sie mit dem Deutschen Schallplattenpreis und vielen anderen Preisen ausgezeichnet. Mit *„Nino und das Geheimnis des Friedens"* haben sie auch ein Hörspiel aufgenommen, das von *Spatzen*-Melodien umrahmt wird.

Kontaktadresse:
Burgfrieden 1
I-39042 Brixen /
Südtirol / Italien

Kay, Fiede

wird am 26. September 1941 als *Hans Friedrich Kay* in Breklum/Nordfriesland geboren. K. ist gelernter Maurer. Er besucht eine Technikerschule für Hoch- und Tiefbau und wird später Gastwirt. Den Grundstein für seine musikalische Laufbahn legt sein Freund *Knut Kiesewetter*, längst schon ein anerkannter Profi als Sänger und Posaunist, produziert mit K. eine gemeinsame LP. So startet K. als norddeutscher Volkssänger.

Kontaktadresse:
Markt 25
22821 Bredstedt

Kayser, Mara

wird am 2. April 1966 als *Maria Kayser* im Saarland geboren. Durch die Hausmusik mit ihren Eltern, bekommt sie früh Kontakt zur Musik und sammelt erste Erfahrungen als Sängerin bei Heimatfesten. Nach der Gesangsausbildung und dem Abitur macht K. zunächst eine Ausbildung als Kauffrau und arbeitet als Chefsekretärin. Neben ihrem bürgerlichen Beruf tritt sie in ihrer Freizeit als Sängerin einer Band auf. 1992 trifft sie den Mannheimer Musikproduzenten *Claus Backhaus*, der sie unter Vertrag nimmt. Ihr Durchbruch kommt 1994 beim *„Grand Prix der Volksmusik"* mit dem Titel *„Via Mala"*. 1995 kündigt K. ihre Arbeitsstelle und wechselt ins musikalische Profilager. Mit dem Titel *„Glaube, Liebe, Hoffnung"* tritt sie erneut erfolgreich im *„Grand Prix der Volksmusik"* an.

Kontaktadresse:
Tonstudio 2000
Seckenheimer Hauptstr. 2
68239 Mannheim

Kellner, Toni

wird am 12. Oktober 1951 in Lienz im österreichischen Osttriol geboren. Er gilt heute als einer der erfolgreichsten Produzenten im Bereich Volksmusik. Nach der Schule macht er zunächst eine Lehre als Heizungsinstallateur. Zehn Jahre ist er als Bassist und Posaunist Mitglied beim *Dolomitensextett Lienz*. 1982 wird er bei der österreichischen Plattenfirma *Koch A & R-Manager*. Er entdeckt unter anderem die *Kastelruther Spatzen*, das *Nockalm Quintett* und das *Alpentrio Tirol*. Diese Gruppen führt er zum Erfolg. Als erstem Produzenten gelingt es ihm, im Bereich Volksmusik Soundtrack-Alben für Fernsehserien zu konzipieren, zum Beispiel für die Erfolgsserien *„Ein Schloß am Wörthersee“* oder *„Almenrausch & Pulverschnee“*.

Kontaktadresse:
Tonstudio II
Dornachstr. 2
A-9990 Nussdorf / Debant

Kiesewetter, Knut

wird am 13. September 1941 in Stettin geboren, geht aber in St. Peter Ording zur Schule. Nach dem Abitur studiert er in Lübeck und Hamburg Posaune. Erst später lernt er das Gitarrespiel. Dann zeigt der Vollblutmusiker seine Vielseitigkeit als Posaunist, Schlagersänger, Jazzinterpret, Texter, Komponist, Liedermacher, Produzent und Entdecker von *Volker Lechtenbrink* als Sänger, *Hannes Wader* und *Fiede Kay*.
Seit 25 Jahren lebt K. mit seiner Familie in seinem „Freesenhof" in Bohmstedt.
Er ist seit 1961 verheiratet mit Frau *Regine*. Sohn *Klas*, 25, ist ebenfalls Musiker, und schon öfter mit dem Vater im Fernsehen aufgetreten.

Kontaktadresse:
Freesenhof
25053 Bohmstedt

Kirmesmusikanten

Coby (geboren am 22. Juli) und *Henny van Voskuylen* (geboren am 23. Mai) haben beide schon als Kinder gern Akkordeon gespielt. Kennengelernt aber haben die beiden sich erst viele Jahre später auf der Konzertbühne.

Seit über zehn Jahren gehören sie mit all ihren musikalischen Erfolgen fest zur volkstümlichen Szene in der Bundesrepublik. Zahlreiche TV-Auftritte und Tourneen haben sie auch hierzulande zu Publikumslieblingen gemacht.

Kontaktadresse:
Park Vredehof 7
NL-3762 DT Soestdijk, Holland

Klostertaler, Die Jungen

Die Gruppe wird 1976 in Klösterle am Arlberg von *Markus Wohlfahrt* und *Thomas Berthold* gegründet. Mit einigen Freunden spielen sie bei Heimatabenden zum Tanz auf. Bald sind sie das musikalische Aushängeschild der Region. Durch ihre Hits wie *„Franz fahr net nach San Francisco"* werden sie auch überregional bekannt. Schon früh mischen sie moderne Elemente in die Volksmusik. Heute gelten sie als eine der modernsten Gruppen in der Volksmusik. Neben volkstümlichen Schlagern wie *„Monte Leone"* produzieren sie traditionelle Lieder wie *„Mir san da"* und auch moderne Lieder, wie der Titel *„Hallelujah"* beweist. Ihr bislang größter Erfolg ist der Sieg beim *„Grand Prix der Volksmusik"* 1993 mit dem Beitrag *„An a Wunder hob i g'laubt"*.

Kontaktadresse:
Klösterle 41 d
A-6754 Klösterle / Vorarlberg

Knarren, Piet

wird am 4. August 1948 in den Niederlanden geboren. Nach der Musikschule in Geleen besucht er das Konservatorium in Maastrich. Das Examen schließt er mit Auszeichnung ab. Anfang der 70er Jahre gründet er die *„E.P.-Band“*, die in den Niederlanden viele Künstler bei Tourneen begleitet. 1972 wird ihm die *„Goldene Trompete“* verliehen. Diese Trompete wird sein Markenzeichen, und so wird er auch als Solist unter dem Titel *„Piet Knarren mit seiner Goldenen Trompete“* bekannt. Anfang der 90er Jahre wird K. in Deutschland von *Christian Bruhn* entdeckt, der für ihn den Titel *„Monte Bianco“* schreibt. Mit diesem Titel tritt er erfolgreich im *„Grand Prix der Volksmusik“* an. Ein weiterer Erfolg in Deutschland ist sein Song *„Land der Berge“*.

Kontaktadresse:
P.O.-Box 29
NL-6365 GZ Schinnen

Koczian, Johanna von

wird am 30. Oktober 1933 als Tochter eines ehemaligen österreichischen Rittmeisters geboren. Sie wächst in Zagreb und Salzburg auf. Dort, am berühmten *„Mozarteum“* der Festspielstadt, absolviert sie nach Beendigung der Schulzeit ein Schauspielstudium, das sie mit Auszeichnung abschließen kann.

Am Landestheater Tübingen gibt sie 1952 ihr Debüt, wo sie in *Hauptmanns „Hannele“* und *Anouilhs „Leocadia“* zu sehen ist. Ein Jahr vorher allerdings spielt sie schon unter der Regie des unvergessenen *Gustaf Gründgens* in *„Wie es euch gefällt“* bei den *Salzburger Festspielen*. Nach anspruchsvollen Bühnenrollen (*„Minna von Barnhelm“*, *„Der eingebildete Kranke“*) lobt die Kritik auch die Film-Schauspielerin. Ihr erster Kinoerfolg ist *Karl Antons* Farbfilmremake von *„Viktor und Viktoria“* im Jahre 1957, bei dem *Boy Gobert, Johannes Heesters* und *Georg Thomalla* ihre namhaften Partner sind. Als sie ein Jahr später in *Kurt Hoffmanns* Film *„Wir Wunderkinder“* spielt, erhält sie 1959 den *Kritikerpreis* und den *Bundesfilmpreis*.

Obwohl sie auch das Fernsehen für große Rollen verpflichtet (*„Der seidene Schuh“*, *„Die Reise nach Mallorca“*) zieht es sie immer wieder zur Bühne: Sie spielt am Münchner *„Residenz-Theater“*, am *„Theater in der Josefstadt“* in Wien. Zu ihren Gastspielen in der *„Komödie am Kurfürstendamm“* in Berlin: Dort begeistert sie in 400 Vorstellungen mit *„Kaktusblüte“* das Publi-

kum. Mit großen Tourneen reist sie durch Stadt und Land. Aber auch als Sängerin („*Das bißchen Haushalt*“) und als Buchautorin („*Der Sommerschatten*“, 1989) hat die vielseitige Künstlerin einen klangvollen Namen.
Sie ist seit 1966 in zweiter Ehe mit dem Musikproduzenten *Wolfgang Kabizky* verheiratet. Sie haben eine Tochter, *Alexandra*.

Kontaktadresse:
Agentur Jovanovic
Kathi-Kobus-Str. 24
80797 München

Kollo, Dorthe

wird als *Dorthe Larsen* am 17. Juli 1947 in Kopenhagen geboren. Weil ihr Vater, Kapellmeister beim *„Sinfonischen Stadtorchester“* in Aarhus, ihr schon recht früh Musik- und Gesangsunterricht erteilt, steht *Klein-Dorthe* schon mit acht Jahren als Sängerin auf der Bühne. Für den Titel *„Oh, das ist Sonntag“* erhält sie vier Jahre später ihre erste „Goldene Schallplatte“.
Mit dem Schlager *„Wärst Du doch in Düsseldorf geblieben“* erobert die Dänin 1963 auch den deutschen Musikmarkt. 1967 heiratet sie den Tenor *René Kollo*. Die gemeinsame Tochter *Olivia-Nathalie* ist heute ebenfalls Sängerin und lebt mit ihrer Mutter vorwiegend in Los Angeles.

Kontaktadresse:
Kolloplay
1100 Alta Road, Suite 808
West-Hollywood,
CA 90069, USA

Kollo, René

bürgerlicher Name *René Viktor Kollodzieyski*, wird am 20. November 1937 als Sohn des Komponisten *Willi Kollo* in Berlin geboren. Da die Familie nach Kriegsende nach Hamburg übersiedelt, geht K. auf ein Internat in Wyk auf Föhr. Seinem Wunsche entsprechend, Kameramann zu werden, besucht K. für kurze Zeit eine Fotoschule in Hamburg, entdeckt dann aber seine Liebe zur Musik. Um sein Gesangsstudium finanzieren zu können, spielt er Schlagzeug in einer Berliner Band und hat als Sänger Erfolge mit Schlagertiteln wie *„Hello, Mary Lou"* und *„Meine große Liebe wohnt in einer kleinen Stadt"*.

Nach dem klassischen Gesangsstudium von 1958 bis 1965 beginnt der junge Tenor seine Bilderbuchkarriere am *Staats-Theater in* Braunschweig. 1971 wird K. Erster Tenor an der *„Deutschen Oper am Rhein"* in Düsseldorf. Dort singt er vorwiegend die großen Opernpartien von *Mozart, Verdi* und *Puccini*. Seine glanzvolle Interpretation des *„Laca"* in einer *„Jenufa"*-Inszenierung wird von der Kritik als Sensation gefeiert.

1969 gibt er als Steuermann in *„Der fliegende Holländer"* sein Debüt bei den *Bayreuther Festspielen*. Seinen Durchbruch als *Wagner*-Sänger ersingt er sich dort zwei Jahre später in der Titelpartie des *„Lohengrin"*.

Das Publikum liegt dem Berliner zu Füßen. Nach glanzvollen Aufführungen als *Stolzing* in den *„Meistersingern"* (1973/74), als *„Parsifal"* in *Wolfgang Wagners* gleich-

namiger Neuinszenierung 1975/76 , als *„Siegfried“*, 1976 im Jahrhundert-*„Ring“* und 1981 als *„Tristan“* feiert ihn die Opernwelt als den besten *Wagner*-Tenor der Welt. K. brilliert an den führenden Opernhäusern der Welt in Mailand, London, New York, in Berlin, Tokio und San Franzisko. Seinen Einstand als Regisseur gibt K. 1991 am Stadt-Theater in Darmstadt mit *„Parsifal“*. *„Ich lade gern mir Gäste ein“* ist der Titel einer Show, die den vielfach ausgezeichneten Tenor zum TV-Star macht. Seine Liederabende (*Wolf, Brahms, Schumann*) sind ausverkauft. Und er widmet sich der leichten Muse, schreibt und komponiert volkstümliche Lieder und setzt so die Familien-Tradition der *Kollos* fort.

1984 wird er Bayerischer Kammersänger. Er ist Träger des *Bundesverdienstkreuzes* (1984) und des *„Paul-Lincke-Ringes“* (1991). Für sein Wirken erhält K. 1993 in Berlin das *„Edelweiß“*.

1996 übernimmt K. als Intendant das Berliner *„Metropol-Theater“*, in dem 1923 die Operette *„Marietta“* Premiere feiert. Vater *Willi* schreibt die Texte zu Großvaters Musik. Sein Großvater war der Komponist Walter Kollo (1878-1940, *„Wie einst im Mai“*). Sein Vater der Textautor und Komponist *Willi Kollo* (1904-1988, *„Lieber Leierkastenmann“*).

K. ist seit 1982 in zweiter Ehe mit der französischen Ballett-Tänzerin *Beatrice Bouquet* verheiratet, hat mit ihr die beiden Töchter *Florence* und *Magali* und den Sohn *Oliver*.

Kontaktadresse:
Mehringdamm 69
10961 Berlin

Kreißl-Wurth, Hanneliese

wird am 2. Juni 1947 in Österreich geboren. Sie bekommt früh Kontakt zur Musik, da ihr Vater ein studierter Kapellmeister ist, ihre Mutter Sängerin. Bereits mit sechs Jahren beginnt sie, Klavier zu spielen. Nach dem Abitur wird sie zunächst Kunststofftechnikerin, schreibt in ihrer Freizeit aber schon erste Texte. Bei der Suche nach dem Titelsong für ihr neues Album bekommen die *Linzer Buam* Kontakt zu K.-W. Sie schreibt den Text zu *„In Linz beginnt's"*. Das Lied wird ein Hit. Inzwischen hat sie über 700 Lieder geschrieben und gilt als die *„Irma Holder Österreichs"*. Ihre größten Erfolge sind die *Grand-Prix*-Titel *„Du bist so a lieber Kerl"* (*„Die Zillertaler"*) und *„Steirerman san very good"* (*Stoakogler Trio*).

Kontaktadresse:
Postfach
A-4609 Wels-Thalheim

Krekel, Lotti

wird am 23. August 1942 als *Hedwig Charlotte K.* in Köln geboren. Bereits mit fünf Jahren erhält sie Sprechrollen beim Kinderfunk des Westdeutschen Rundfunks, als Kinderdarstellerin in dem Schauspiel *„Peterchens Mondfahrt"* und in *Shakespeares „Sommernachtstraum"*.
K. macht die Mittlere Reife und absolviert die Höhere Handelsschule mit gutem Abschluß. Nebenher nimmt sie, unterstützt von ihrer Mutter, Schauspiel-, Gesangs- und Tanzunterricht.
1958 gibt sie als *„Paula Klinke"* in dem Schwank *„Die spanische Fliege"* ihr Debüt im berühmten *Millowitsch-Theater*. Neben der Bühnenarbeit sieht man sie öfter in Fernsehrollen. Als „lecker Mädche" gehört sie nach einer Umfrage bald zu den bekanntesten Kölnerinnen, die auch im Kölner Karneval (*„Mir schenke de Ahl e paar Blömcher"*) sind. Sie dreht Spielfilme (*„Der wahre Jakob"*) und veröffentlicht Schallplatten (*„Heimweh nach Köln"*). Als Volksschauspielerin und Volkssängerin ist die vielseitige Künstlerin weit über ihr Heimatland hinaus ein Publikumsliebling.
K. lebt mit dem Kabarettisten und Schauspieler *Ernst H. Hilbich* zusammen.

Kontaktadresse:
Am Südpark 21
50968 Köln

Krönauer, Hansl

wird am 23. April 1932 in Benediktbeuren geboren. Seine Musikalität erbt der Junior von seinem Vater, einem Musiker und Sänger, der durchs Land zieht, um die Menschen zu unterhalten. Das tut auch der junge K. nach seiner Schulzeit. Er gründet ein Trio, mit dem er u.a. in den amerikanischen Klubs die Soldaten in Stimmung bringt, weil er bekannte Titel von *Glenn Miller* und *George Gershwin* spielt. Aber auch volkstümliche Melodien seiner Heimat.

Diesem Genre, der Er-Volksmusik hat sich der Sänger ganz verschrieben, und er freut sich mit Recht über diese Entscheidung: Es gibt nämlich keine volkstümliche Rundfunk- oder Fernsehsendung im deutschsprachigen Raum, in der K. kein gern und oft gesehener Gast ist.

Mit seinen eigenen Titeln *„D' Liab is a Macht"* und *„Dankeschön, daß'D bei mir bist"* kam er 1990 in die Endausscheidung des *„Grand Prix der Volksmusik"*.

K. ist seit 1973 mit Frau *Sylvia* verheiratet und Vater seiner Tochter *Dagmar*.

Kontaktadresse:
Koch International
Hermann-Schmid-Str. 10
80336 München

Kunze, Jochen

wird am 14. Februar 1942 geboren. Er besucht die Fachgrundschule für Musik, studiert anschließend Waldhorn. Seinen Lebensunterhalt verdient er zunächst als Baßist und Gitarrist einer Tanzband, bevor er eine plattdeutsche Musikgruppe gründet. Auch als Solist hat der Sänger mit der dunklen Stimme Erfolg, zum Beispiel mit *„Weiße Segel“* oder dem *„Rügenlied“*. Sein größter Erfolg ist der Titel *„Menschen am Meer“* aus der Feder von *Rudolf Müssig*, mit dem K. 1993 in der Endrunde von *„Lieder so schön wie der Norden“* antritt.

Kontaktadresse:
Birkentholt 22
18107 Rostock-Lichtenhagen

Kunze, Dr. Michael

wird am 9. November 1943 in Prag geboren. Er studiert zunächst Jura und promoviert, wechselt dann als Vertragstexter zu *Ralph Siegel*. Es entstehen Hits wie *„Griechischer Wein“* oder *„Du“*. Er arbeitet für Künstler wie *Peter Alexander, Udo Jürgens, Katja Ebstein, Peter Maffay*.

K. ist heute als Texter, Schriftsteller und Produzent tätig und schreibt auch Musical-Texte, zum Beispiel für *„Cats“* oder *„Das Phantom der Oper“*.

Im Bereich der Volksmusik schreibt er 1994 den Text zum Lied *„Zur großen Freiheit“*, mit dem *Jonny Hill* beim *„Grand Prix der Volksmusik“* erfolgreich ist.

Laimer, Familie

Die Gruppe wird 1947 auf der Laimeralm im österreichischen Salzkammergut gegründet. Die Laimeralm oberhalb des Wolfgangsees ist einer der touristischen Anziehungspunkte. Die *Familie Laimer* betreibt dort seit Generationen ein Gasthaus. Die Laimeralm, gebaut im 17. Jahrhundert, zählt zu den größten und ältesten Almhütten im Salzkammergut. Die Gäste werden dort von Familienmitgliedern bedient und musikalisch unterhalten. Aus dem musikalischen Dreigesang der 40er Jahre ist inzwischen eine mehrköpfige Gruppe geworden, die mit einer Mischung aus Musik, Gesang, Jodlern und Humor den typischen Klang der *Familie Laimer* geschaffen hat. Die Titel aus inzwischen 21 Produktionen präsentiert die musikalische Familie bei Gastspielen in aller Welt. Einer ihrer erfolgreichsten Titel beschreibt die Schönheit ihrer Heimat: *„Auf der Laimeralm"*.

Kontaktadresse:
Michael Laimer
A-5350 Strobl 14 / Wolfgangsee

Lang, Franzl

wird am 28. Dezember 1930 in München geboren. Mit neun Jahren beginnt der Junge, Akkordeon zu spielen. Obwohl er nach seiner Schulzeit den Beruf des Werkzeugmachers erlernt, bleibt L. „seiner“ Musik treu. Und das zahlt sich bald aus: 1954 wird er von dem bekannten bayerischen Volksschauspieler *Ludwig Schmid-Wildy*, der ihn hört, spontan an die *„Platzl-Bühne“* verpflichtet. Für eine Abendgage von fünf Mark. Der Beginn einer Bilderbuch-Karriere. Er erhält einen Schallplatten-Vertrag bei *Philips* und verkauft von der ersten Single mit den Titeln *„Kuckucksjodler“* und *„Mei Vater is a Appenzeller“* auf Anhieb 100.000 Tonträger. Mit über 500 Titeln erreicht L. in den Jahren darauf zehn Millionen Platten - und dafür 20 Goldene und eine Platin-Auszeichnung. L. ist auch der Originalinterpret des auf der ganzen Welt meistgespielten Werkes, des *„Kufsteiner Liedes“*. Der vielfach ausgezeichnete Meister-Jodler verfaßt auch mehrere Jodel-Lehrbücher und jodelt auch in Heimatfilmen.

L. ist seit 1954 mit Frau *Johanna* verheiratet, hat einen Sohn, *Franz Herbert*, und eine Tochter, *Christel*.

Kontaktadresse:
Humpelstraße 3
81476 München

Leiß, Ramona

wird am 7. Mai 1957 in München geboren. Nach dem Abitur studiert sie Germanistik, Theaterwissenschaft und Chemie an der Universität in München. Als sie 1981 als Hörfunksprecherin beim Bayerischen Rundfunk beginnt, da stimmt die Chemie zwischen dem munteren „Münchner Kindl" und seinen Hörern. So wird also auch das Fernsehen auf sie aufmerksam. Sie wird Fernseh-Ansagerin, moderiert die Nachrichtensendung *„Stadtrundschau"* und als Gast ab 1984 stattliche 147 Ausgaben der *„Aktuellen Schaubude"* beim NDR in Hamburg. Sie hat aber auch das *„knoff hoff"* beim ZDF, tanzt auf vielen TV-Hochzeiten und widmet sich der volkstümlichen Unterhaltung. Sie geht mit dem *ZDF-Sonntagskonzert* auf Tournee, moderiert die *„Schlagerparade der Volksmusik"* beim Südwestfunk, die *„Goldene Hitparade"* bei SAT.1 und ist seit 1993 jeweils im Sommer und im Winter Gastgeberin des *„ZDF- Fernsehgartens"*. In ihrer Freizeit verfaßt sie Bücher, schreibt Schlagertexte und singt auch selbst. Für ihren TV-Erfolg ist sie 1992 mit dem *„Edelweiß"* ausgezeichnet worden, in dem Jahren 1993/94 mit der *Hermann-Löns-Medaille*.
L. ist Mutter des Sohnes *Alexander*.

Kontaktadresse:
Tangastraße 15
81827 München

Leoni Kristin

Die junge Volksmusikantin wird am 10. Mai 1983 in Frankfurt am Main geboren. Ihr Vater *Karl-Maria Oeffinger* ist Musikproduzent, und da sie mit Musik aufwächst, nimmt sie schon früh Gesangsunterricht. Neben dem Musical gilt ihr Interesse auch der Volksmusik. Im Alter von 12 Jahren nimmt sie im Studio ihres Vaters eine neue Version des Klassikers *„Pack die Badehose ein"* (Original: *Conny Froboess*) auf. Mit diesem Lied hat sie ihre ersten Fernsehauftritte. Zu Beginn des Jahres 1996 kommt ihre erste LP-Produktion auf den Markt, unter anderem mit dem volkstümlichen Titel *„Teddybär"*.

Kontaktadresse:
happy mental
Am Höhenberg 21
82327 Tutzing

Lindner, Patrick

Der Publikumsliebling wird am 27. September 1960 in München als *Friedrich Günther Raab* geboren. Nach der Schule macht L. zunächst eine Ausbildung zum Koch und arbeitet in seinem Beruf in der Kantine einer Versicherung. Ende der 80er Jahre bekommt er Kontakt zu dem Musikmanager *Achim Hendel*. Bei einem Konzert wird die Textdichterin *Irma Holder* auf den jungen Münchner aufmerksam und schreibt gemeinsam mit *Jean Frankfurter* den Titel *„Der Traum von ewiger Liebe"*. Nach dem ersten Achtungserfolg kommt der Durchbruch für L. 1989 beim *„Grand Prix der Volksmusik"*. Mit dem Titel *„Die kloane Tür zum Paradies"* verpaßt L. nur knapp den Sieg und belegt hinter *Stefan Mross* Platz 2. In der Folgezeit gewinnt er mehrfach die Volksmusik-Hitparaden mit Titeln wie *„Die kleinen Dinge des Lebens"* oder *„Anna Lena"*. In den Jahren 1990 bis 1993 erhält er viermal hintereinander den großen Preis der Volksmusik, das *„Edelweiß"*. Seit 1993 moderiert L. erfolgreich seine eigene Show *„Ein Abend mit guten Freunden"* im ZDF, die regelmäßig über acht Millionen Zuschauer anlockt. Im selben Jahr geht er als erster Interpret des volkstümlichen Schlagers auf eine 60tägige Solotournee. Wegen des Erfolges gibt es 1995 eine Tournee-Neuauflage unter dem neuen Album-Titel *„Meine Lieder streicheln Dich"*. In Liedern wie *„Capri im Schnee"* vermischt L. geschickt Volksmusik und Schlager. L. lebt heute in Grünwald bei München.

Kontaktadresse:
Postfach 154
82025 Grünwald

Lindner, Wolfgang

Der österreichische Orchesterleiter wird am 2. Juli 1949 in Wien geboren. Nach seinem Studium an der *Musikhochschule in Wien* (Klavier und Klarinette) arbeitet L. zunächst in der Platten- und Musikverlagsbranche. Anfang der 80er Jahre werden er und seine Band von *Karl Moik* entdeckt. Er macht *„Wolfgang Lindner und seine Stadlmusikanten"* zum offiziellen Begleitorchester im *Musikantenstadl.* In seinem Studio produziert L. Titel für viele Interpreten der Volksmusik. Auch als Komponist ist er erfolgreich: 1990 gewinnt sein Lied *„Heimwehmelodie"* mit *Stefan Mross* den *„Grand Prix der Volksmusik"* . L. ist mit der österreichischen Sängerin und Jodlerin *Herlinde Lindner* verheiratet.

Kontaktadresse:
Burgplatz 2
A-3512 Mautern

Lindt, Toni

wird im April 1962 geboren und wünscht schon im Alter von fünf Jahren, Sänger zu werden. Im örtlichen Trachtenverein lernt er Jodeln. Bei Talentwettbewerben bekommt er Kontakte zu Plattenfirmen und veröffentlicht zwei Produktionen („*A Stükkerl Himmel*“ und „*Ich komm aus den Bergen*“). 1995 lernt L. den Produzenten *Günther Behrle* kennen, der mit ihm ein neues Album unter dem Titel „*Als ich ein kleiner Junge war*“ produziert.
L. ist seit 1987 verheiratet und hat zwei Kinder.

Kontaktadresse:
Günther Behrle
Roter-Brachweg 25
93049 Regensburg

Lissi

wird am 21. Juli 1969 in Landshut unter dem bürgerlichen Namen *Anneliese Hanslbauer* geboren. Nach Unterricht in klassischer Gitarre und Gesang singt sie zunächst in verschiedenen Kirchen- und Jugendchören. Bis 1989 ist sie Solistin verschiedener Amateurbands und wechselt 1990 ins Profilager.

Als Jodlerin der *„Erdinger Musikanten“* tourt L. 1991 durch Europa. 1992 tritt sie sechs Wochen lang in Japan als Jodlerin einer bayerischen Show auf. Seit 1993 ist L. ständig im *Münchner Hofbräuhaus* als Jodlerin engagiert. *Ambros Seelos* produziert mit ihr verschiedene Platten. 1995 veröffentlicht L. ihre neue Produktion unter dem Titel *„Schau in meine Augen“*.

Kontaktadresse:
MSM
Obergeislbach 7
84435 Lengdorf

Lolita

Kontaktadresse:
Eichenweg 5
83406 Laufen

wird am 17. Januar 1931 als *Ditta Zuser* in St. Pölten geboren. Die Österreicherin macht eine kaufmännische Lehre und arbeitet als Sachbearbeiterin, als Diplom-Kindergärtnerin und Zahnarztassistentin. Nebenher tingelt sie als Sängerin durchs Land. Als sie im April 1956 während eines Auftritts in Wien entdeckt wird, beschließt sie, ihren erlernten Beruf aufzugeben, um ihre Karriere als Solosängerin aufzubauen. Das tut sie mit Erfolg. *„Weißer Holunder"* ist der Titel ihrer ersten Platte. Für ihren Titel *„Seemann, Deine Heimat ist das Meer"* erhält sie später für über zwei Millionen verkaufter Tonträger als erste Europäerin eine Goldene Schallplatte. Aufgrund ihrer großen Popularität - sie singt Wiener Lieder mit ebenso großem Erfolg wie die Shanties von der Waterkant - moderiert sie ab 1967 über 50mal die TV-Reihe *„Im Krug zum grünen Kranze"* des Saarländischen Rundfunks.
L. ist zweimal geschieden, hat aus erster Ehe einen Sohn.

Margreiter, Rudi

wird am 20. März 1954 in Tirol geboren. Der gelernte Automechaniker besucht drei Jahre lang die Musikschule. Heute ist er einer der erfolgreichsten Autoren der Volksmusik. Er schreibt für viele Künstler, unter anderem den Titel *„Nimm Dir wieder einmal Zeit"*, mit dem *Géraldine Olivier* 1995 den *„Grand Prix der Volksmusik"* gewinnt. Mit seiner Frau *Vreni* ist er als Duo *„Vreni & Rudi"* erfolgreich und weit über die Grenzen seiner Schweizer Heimat bekannt.

Kontaktadresse:
Mounty Music
Postfach
CH-8308 Illnau

Marianne & Michael

Marianne Hartl wird am 7. Februar 1953 in München geboren, ihr Mann *Adolf Michael Hartl* am 18. März 1949 in Graz in der Steiermark. Anfang der 70er Jahre kommt *Michael Hartl* nach München. Als Jodler wird er an die berühmte Bühne *„Platz'l"* engagiert und verdient sich etwas Geld und erste Anerkennung. Im *„Platz'l"* lernt er auch die Steuerfachgehilfin *Marianne* kennen, die nach ersten Auftritten als Faschingsprinzessin ebenfalls als Jodlerin dort auftritt.

Nach ersten gemeinsamen Auftritten folgt die erste Plattenproduktion *„Rund samma, gsund samma"*. 1979 heiraten die beiden, sie haben inzwischen zwei Söhne namens *Florian* und *Alexander*. Nach ersten Fernsehauftritten spielen die beiden eine Rolle in dem Kinofilm *„Der Jäger von Fall"*. Mitte der 80er Jahre übernehmen sie die Moderation von Volksmusik-Sendungen im Fernsehen. Besonders erfolgreich sind sie als Tourneekünstler, die vier Monate im Jahr durch ganz Europa unterwegs sind. Nach ihrem großen Plattenerfolg *„Zillertaler Hochzeitsmarsch"* bekommen sie 1989 einen Vertrag bei SAT. 1 und moderieren wöchentlich die Show *„Feste Feiern"*. Nach dem Wechsel zu RTL präsentieren sie dort mit Erfolg die Sendung *„Heimatmelodie"*, bevor sie 1993 wieder zum ZDF zurückgehen. Dort sind sie Moderatoren der Erfolgssendung *„Lustige Musikanten"*, eine der meistgesehenen Sendungen im deutschen Fernsehen. Anfang der 90er Jahre

produziert *Jean Frankfurter* zwei Erfolgs-Alben mit ihnen, aus denen besonders die Titel *„Wann fangt denn endlich d'Musi an?"* und *„Die Zeit der Gummibärchen"* erfolgreich sind. 1995 erscheint die Produktion *„Es ist schön, bei Dir zu sein"* mit der Singleauskopplung *„Kuscheln erlaubt"*, die im eigenen Studio produziert wird. Die beiden gründen Anfang der 90er Jahre auch den Musikverlag *„MaMi Music"*, der Nachwuchskünstler fördert.

Kontaktadresse:
Heinrich-Kahn-Str. 27
89150 Laichingen

Mariella

wird am 27. Oktober 1963 als *Manuela Waditzer* in der Steiermark geboren. Mit acht Jahren erlernt sie das Gitarren- und Zitherspiel und gewinnt schon ein Jahr später den 1. Preis beim *Austria-Record-Festival.* Ihren Durchbruch schafft sie 1989 beim *„Grand Prix der Volksmusik"* mit dem Titel *„In der Straße der Armen".*
Einen weiteren Hit landet sie 1995 mit *„Sole Sole della Montagna".* Nach einem schweren Autounfall kehrt sie 1996 auf die Bühne zurück. Neue Produzenten sind *Robert Jung* und *Günther Moll,* die für sie auch den Titel *„Aber der Adler zieht weiter seine Kreise"* schreiben.

Kontaktadresse:
Roland Waditzer
Mölltalstr. 30
A-9813 Möllbrücke

Marshall, Tony

wird am 3. Februar 1938 als *Herbert Anton Hilger* in Baden-Baden als Sohn eines Kaufmannes geboren. Nach dem Besuch des Gymnasiums und der Handelsschule macht er auf Wunsch seiner Eltern von 1956 bis 1959 eine Ausbildung als Großhandelskaufmann. Da ihm jedoch damals schon Noten reizvoller erscheinen als trockene Ziffern, studiert er bei Professor *Harland* Gesang und Klavier an der Musikhochschule in Freiburg/Breisgau. 1964 besteht er das Examen als Opernsänger. Als er jedoch mit dem Erfolgsproduzenten *Jack White* zusammentrifft und mit ihm 1971 die *„Schöne Maid"* produziert, gelingt dem bis dahin unbekannten Sänger der große bundesweite Durchbruch.

Neben ungezählten Rundfunkeinsätzen, zahlreichen Fernseh-Auftritten und den ersten „Vergoldungen" folgen weitere Ohrwürmer wie *„Komm', gib mir Deine Hand"* und *„Ich fang für Euch den Sonnenschein"*. *Tony* wird der *„Fröhlichmacher der Nation"* und in Schunkelzelten ein Star zum Anfassen. Trotz all dieser Erfolge bereitet sich der Sänger 1976 auf die Partie des *„Papageno"* in *Mozarts* *„Zauberflöte"* vor. Er ist gern gesehener Gast in zahlreichen Musiksendungen und erhält schließlich seine eigene: *„Die Tony-Marshall-Show"*.

M. ist mit Frau *Gabriele* verheiratet und Vater der drei Kinder *Marc, Pascal* und *Stella*. *Marc* ist Opernsänger.

Kontaktadresse:
Künstlermanagent
Herbert Nold
Postfach 18 62
76408 Rastatt

Martinetti, Nella

wird am 21. Januar 1946 in Brissago in der Schweiz geboren. Mit ihrem Bruder tritt sie bereits als Teenager in Hotels ihres Heimatortes auf. Nach dem Abitur und dem Besuch des schweizerischen Lehrerseminars wird sie zunächst Kindergärtnerin. Erste Erfahrungen im Showgeschäft sammelt M., als sie für das Fernsehen der italienischen Schweiz eine Kindersendung mit Musik entwickelt und auch selbst moderiert. In einer dieser Sendungen wird sie von *Lothar Olias* (ehemaliger Produzent von *Freddy Quinn* und Autor zum Beispiel von *„Junge, komm bald wieder“*) entdeckt. Er schreibt für sie Lieder wie *„Holiday am Titicaca-See“*, mit denen sie auch in Deutschland Erfolg hat. Die Wende vom Schlager zur Volksmusik kommt in den 80er Jahren, als ihr die Hamburger Plattenfirma *Polydor* eine Aufnahme mit Liedern aus der Schweiz veröffentlicht, die M. einmalig interpretiert. Nach diesem Erfolg schreibt sie erste eigene Lieder wie *„Canta Ticino“*.

Der Durchbruch kommt für sie 1986, als sie mit dem Titel *„Bella Musica“* den *„Grand Prix der Volksmusik“* gewinnt. Neben der Volksmusik widmet sich M. weiter den Kinderliedern - und sie schreibt Schlagerlieder für andere Interpreten. Ihren bislang größten internationalen Erfolg feiert sie 1988, als beim *Grand Prix Eurovision de la Chanson* in Dublin das Lied *„Ne partez pas sans moi“* gewinnt.

Kontaktadresse:
VIP AG
Schützengasse 30
CH-8001 Zürich

Mathis, Maria

wird am 13. Dezember 1965 in Ried im österreichischen Innkreis geboren. Schon 1974 steht die kleine *Maria* zum ersten Mal bei einem Fest auf der Bühne. Mit ihrer Schwester *Inge* bildet sie 1976 das Duo *„Die Innvierteler Dirndln"*. Die erste Produktion im Jahr 1982 *„Wir stimmen unser'n Jodler an"* wird ein Erfolg. Das Duo wird später in *„Inge & Maria"* umbenannt. Neben ihren Auftritten mit der Schwester singt M. auch immer wieder allein. Mitte der 80er Jahre hat sie einen Riesenerfolg als Jodlerin des Pophits *„Bring me Edelweiß"*. 1995 erscheint ihre erste Produktion als *Maria Mathis*. Das Lied *„Lebe wohl, Papa"* wird ein Riesenerfolg für sie.

Kontaktadresse:
HMC music coach
Krögelsteiner Str. 14
81243 München

Medium Terzett

das sind der gelernte Großhandelskaufmann *Lothar Nitschke*, geboren am 26. Mai 1932, der Dreher *Helmut Niekamp*, geboren am 7. Mai 1933, später *„Henry"* genannt, und der Tischler *Wilfried Witte*, geboren am 1. März 1935.

Die Musik macht die drei Fröhlichmacher aus dem Wiehengebirge, die sich in den 50er Jahren in einem Gesangsverein in Osnabrück-Voxtrup kennenlernen, schon früh zu Freunden für's Leben. Als *„Welfen-Trio"* machen sie 1954 ihre ersten Schritte ins Showgeschäft, absolvieren von 1955 bis 1958 eine Gesangsausbildung und lernen, Instrumente zu spielen. 1958 kriegen die drei Musiker ihre große Chance - und nutzen sie.

In *Peter Frankenfelds* Nachwuchssendung *„Toi, toi, toi"* vom NDR gewinnen sie den ersten Preis und erhalten daraufhin einen Vertrag für das *„Haus Vaterland"*, dem damals großen Hamburger Varieté. Später folgen dann zahlreiche Fernsehsendungen wie z.B. die *„Silvestershow"* des NDR, und auch die Plattenfirmen interessieren sich für das Terzett. Ihren ersten großen Erfolg feiern sie 1963 mit dem Millionenseller *„Der Schatz im Silbersee"*.

Als *Lothar*, der Chef, *Wilfried*, die Stimme, und *Henry*, der Komiker, im gleichen Jahr mit der *BRAVO-Musikbox* auf ihre erste große Tournee gehen, haben die Newcomer zwei weitere Hits in den Charts: *„Winnetou"* und den inzwischen zum Evergreen avancierten Titel *„Ein Loch ist im Eimer"*.

Die vielfach ausgezeichneten Musiker (*RTL-Löwe, Hermann-Löns-Medaille,* das *Edelweiß* 1990) sind auch heute noch, nach 37 Jahren, rastlos unterwegs. Sie reisen in dieser Zeit 96mal um den Erdball, veröffentlichen über 50 Longplays und begeistern ihr Publikum mit über 700 Fernsehauftritten.
Privat sind die drei leidenschaftliche Familienväter.

Kontaktadresse:
Stuckenbergstraße 28
Birkenhof
49328 Melle-Buer

Meinunger, Dr. Bernd wird am 30. September 1944 in Meiningen/Thüringen geboren. Nach seinem Studium geht er zunächst als Betriebswirt zum IFO-Institut für Wirtschaftsförderung, wechselt aber schon 1976 hauptberuflich zur Musik. Zunächst ist er als Texter tätig und schreibt Lieder wie *„Feierabend“* für *Peter Alexander* oder *„Babicka“* für *Karel Gott*. In den ersten Jahren seiner Karriere bildet M. ein festes Team mit *Ralph Siegel*, mit dem er 1982 das Lied *„Ein bißchen Frieden“* schreibt. *Nicole* gewinnt damit den *Grand Prix Eurovision*. Im Bereich der Volksmusik ist M. ab Anfang der 90er Jahre tätig; er textet und produziert unter anderem für *Gaby Albrecht*, für die er Lieder wie *„Zauberberg“* oder *„Ich hab' mich so in Dich verliebt“* schreibt. Aus seiner Feder stammen auch viele andere erfolgreiche Volksmusik-Titel, so zum Beispiel *„Montagne Sante“* für *Stefan Mross*.

Mentzel, Achim

wird am 17. Juli 1946 in der Lausitz geboren. Eigentlich will er Polsterer werden, steigt aber dann als Gitarrist in „*Fitzes Dampferband*" ein. Später tourt er mit „*Stimmung, Jux & Mentzel*" durch die ehemalige DDR. 1989 entwickelt M. zusammen mit *Hansjoachim Seiferth* das Konzept für „*Achims Hitparade*", die damit die älteste volkstümliche Hitparade im Deutschen Fernsehen ist. Mit dieser Sendung und dem Lied „*Wer wird Musikantenkaiser*" erobert sich der schwergewichtige Moderator die Herzen im vereinten Deutschland.

Kontaktadresse:
Postlagernd
03058 Gallinchen

Michi

wird im österreichischen Kärnten geboren. Mit neun Jahren gewinnt sie ihren ersten Talentwettbewerb als Sängerin, mit Zehn lernt sie das Spiel auf der steirischen Harmonika. In Deutschland wird sie als fesche Kärntnerin bekannt, als sie im Rahmen der Funkausstellung den ZDF-Nachwuchswettbewerb bei *Marianne & Michael* gewinnt. Mit ihrem Titel *„Weil i a Madl bin"* gewinnt sie 1995 auch die *„Hitparade der Volksmusik"* bei *Carolin Reiber.*

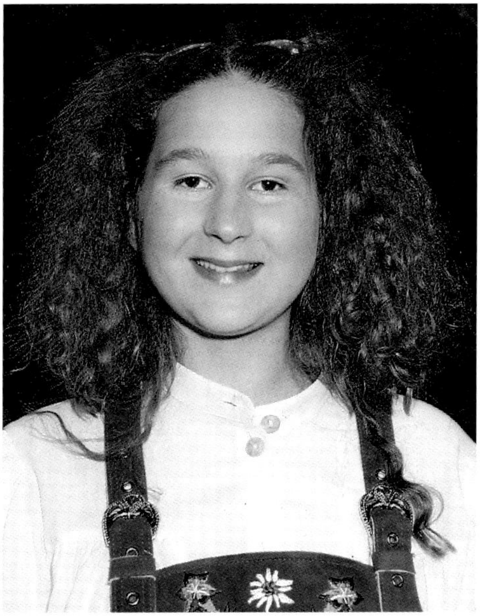

Kontaktadresse:
Koch International
Hermann-Schmid-Straße 10
80336 München

Millowitsch, Willy

wird am 8. Januar 1909 in Köln als Sohn des Volksschauspielers *Peter M.* geboren. Heute kann die Theaterdynastie *Millowitsch* auf 200 Jahre zurückblicken, von denen *Willy M.* ein wichtiges Stück mitgeschrieben und gestaltet hat. Während der Ururgroßvater noch als Moritatensänger durch die Kölner Altstadt zieht, führt die Familie später ein Puppentheater. Erst 1896 gründen Großvater *Wilhelm-Josef* und seine Frau *Emma* eine „mundartliche Volksbühne".

So macht auch *Willy*, der nie eine Schauspielschule besucht hat, seine ersten Schritte im familieneigenen Betrieb, den er seit 1940 selbst führt und ihn zu einer der beliebtesten Volksbühnen macht.

M. ist seit 1946 in zweiter Ehe mit *Gerda Feldhoff* verheiratet und hat vier Kinder: *Katarina* (geb. 1947, Oberstudienrätin), *Peter* (geb. 1949, feiert als Schauspieler große Erfolge am Familientheater, setzt die Arbeit seines Vaters fort), *Susanne* (geb. 1953, Buchhändlerin) und *Mariele* (geb. 1955, Tierärztin und Schauspielerin).

Kontaktadresse:
Millowitsch-Heimatbühne
Aachener Str. 5
50674 Köln

Moik, Karl

Kontaktadresse:
Epos-Musik
Postfach 60 05 40
81205 München

wird am 19. Juni 1938 in Linz in Oberösterreich geboren und lebt heute in der Nähe von Salzburg. Er macht zunächst eine Lehre als Werkzeugmacher, pflegt aber seine Liebe zur Musik. Am Wochenende arbeitet M. als Sprecher auf dem Fußballplatz. Seine Stimme fällt einem Rundfunkredakteur auf. M. wird 1970 zunächst freier Mitarbeiter beim ORF in Salzburg, übernimmt 1973 die Moderation der volkstümlichen Hitparade im ORF-Landesstudio Oberösterreich.
Dort entwickelt er 1980 das Konzept zur TV-Show *„Musikantenstadl"*. Von Österreich aus tritt diese Sendung ihren Siegeszug an. Der *„Musikantenstadl"* wird eine der erfolgreichsten Volksmusik-Sendungen. Auch im Ausland wird M. bekannt, weil er mit seiner Sendung bis nach Amerika und Australien geht. Kurz nach der Öffnung der Berliner Mauer am 9. November 1989 schreibt er mit seiner Sendung aus Cottbus Fernsehgeschichte. M. gilt auch als Talent-Entdecker. So hat er zum Beispiel *Grand Prix*-Sieger *Stefan Mross* bekannt gemacht. Auch als Sänger landet er einige Hits, zum Beispiel mit dem Abschiedslied aus dem *„Musikantenstadl"* *„Servus, Pfüat Gott und auf Wiedersehn"*.

Moll, Stefan

wird am 7. Januar 1970 in München geboren. Nach seinem Schulabschluß lernt er Bäcker, ist aber nebenberuflich Musiker. 1989 gründet er die Band *„Midnight Shadows“*, mit der er Schlager und Volksmusik auf die Bühne bringt. 1993 wird M. von *Wolfgang Lindner* für das Fernsehen entdeckt, der ihn die Demoversion des Liedes *„An a Wunder hob i g'laubt“* singen läßt. Der Titel wird für den *„Grand Prix der Volksmusik“* ausgewählt, dort aber von den *Jungen Klostertalern* gesungen. Trotzdem hat M. den ersten Karriereschritt getan. *Karl Moik* holt M. mehrfach in seinen *„Musikantenstadl“*. Erfolg hat M. mit Titeln wie *„Ich hätt' Dich so gern wachgeküßt“*.

Kontaktadresse:
Epos-Musik
Postfach 60 05 40
81205 München

Montanara Chor, Der

Die Geschichte und der schnelle Erfolg des Chores mit dem wohlklingenden Namen beginnt vor über 25 Jahren. Da tun sich die Chorsänger des Süddeutschen Rundfunks und der Staatsoper Stuttgart zusammen, um aus Freude an der Musik auch mal ein anderes Repertoire zu singen als jene, die Opernprogramm und Rundfunk vorschreiben. Als die „neue" Chorgemeinschaft im Dezember 1958 erstmals ihre „neuen" Lieder vorträgt, ist die Begeisterung so groß, daß ein Schallplattenvertrag und weitere Auftrittstermine folgen. Weil *„La Montanara"* ihr Lieblingslied ist, nennen sich die Mitglieder, die alle über eine Ausbildung als hauptberufliche Chorsänger verfügen, *„Montanara-Chor"*. Seit 1974 leitet *Harry Pleva* den erfolgreichen Chor, der die Menschen mit seinem volkstümlichen Liedgut ins Herz trifft. Er ist Dozent an der Musikhochschule Stuttgart, Dirigent, Arrangeur und künstlerischer Leiter des Chores.

Kontaktadresse:
Auerbachstraße 7
70794 Filderstadt-Silmingen

Moosacher, Die 3 lustigen

Die Gruppe wird 1952 von *Georg Niedermeier*, *Hans Döring* und *Waggi Schneider* gegründet und spielt seit damals in der gleichen Besetzung. Zunächst machen sie Musik nebenberuflich, bevor sie 1958 nach einem Gesangsstudium Berufsmusiker werden. Anfang der 60er Jahre ist ihre *„Brotzeitpolka“* einer der ersten Titel der volkstümlichen Welle. Ihre größten Erfolge sind inzwischen zu allgemeinem Liedgut geworden, zum Beispiel *„Geh' Oide, schau mi net so deppert a“* oder *„Ja, mir san mit'm Radl da“*. Mit dem Titel *„Engel san ma alle net“* vertreten sie Deutschland 1992 beim *„Grand Prix“*.

Mosch, Ernst

wird am 7. November 1925 in Zwodau an der Eger geboren, wo er sich schon bald einer Kinder-Blaskapelle anschließt. Nach der Schule beginnt er auf Drängen seiner Eltern, die einen kleinen Milchladen unterhalten, eine Lehre, darf dann jedoch die Städtische Musikschule besuchen. Dort bläst er das Flügelhorn und spielt Geige. Während der letzten Kriegstage kommt er in den Westen, wo er in amerikanischen Klubs Jazzposaune spielt. Dann wird er Mitglied des Hamburger Rundfunkorchesters.

1951 holt *Erwin Lehn* ihn als Ersten Posaunisten an das *Südfunk-Tanzorchester* nach Stuttgart. In der Schwaben-Metropole erfüllt er sich dann einen langgehegten Wunsch: Er macht sich selbständig und präsentiert 1956 seine *„Original Egerländer Musikanten“*.

Mit einem Repertoire, das von der traditionellen Volksmusik bis zu volkstümlichen Schlagern reicht, erobern die *Egerländer* ihr Publikum im In- und Ausland. Für seine über 100 Longplays und CDs, die alle große Verkaufserfolge werden, erhalten der Bandleader und seine Musiker 29 Goldene, Platin- und mit Diamanten besetzte Schallplatten. Der „Karajan der Volksmusik“ ist Dirigent, Komponist und Arrangeur in einer Person. 1995 feiert er sein 40jähriges Jubiläum als Musiker.

Und mit Frau *Lydia* feiert er Goldene Hochzeit.

Kontaktadresse:
East west records
Heußweg 25
20255 Hamburg

Moslehner, Georg

wird am 21. September 1938 in Hamburg geboren. Schon mit neun hat er Konzertauftritte und gründet als Zwölfjähriger eine eigene Dixieland-Band. Nach dem Besuch der Wirtschaftsoberschule macht er eine Lehre als Im- und Exportkaufmann. Dann aber wechselt er an die Staatliche Hochschule für Musik in Hamburg und studiert von 1962 bis 1968 Komposition, Arrangement, Klarinette, Klavier und Konzertpianist bei *Walther Herzberg*. Nach einem Lektorat beim Musikverlag *Sikorski* macht M. sich 1970 selbständig.

M. arrangiert, komponiert und macht Tanzmusik, schreibt die Musik für Filme und TV-Serien. Er textet für *Tony* („*Mädchen mit roten Haaren*"), für *Nana Mouskouri* („*Sieben schwarze Rosen*"), für *Gitte* („*So schön kann doch kein Mann sein*"), *Peter Petrel* („*In Hamburg ist noch Licht an*") oder *Werner Böhm* („*Wenn die Kirschen blüh'n im Alten Land*").

M. produziert *Dieter Hallervorden, Caterina Valente, Freddy Quinn, Rex Gildo* u. a. Schlagerstars.

Kontaktadresse:
Bostelwiebeck 24
29575 Altenmedingen

Mross, Stefan wird am 26. November 1975 in Traunstein geboren. *Musikantenstadl*-Moderator *Karl Moik* wird auf den Jungen aufmerksam und holt ihn 1989 in seine Nachwuchssendung *„Wie die Alten sungen ...“*. Dort wird auch *Wolfgang Lindner* auf ihn aufmerksam. Der Chef des *Stadl*-Orchesters hat ein Lied für den *„Grand Prix der Volksmusik“* geschrieben und suchte einen Interpreten. M. spielt schließlich die *„Heimwehmelodie“* und gewinnt damit den wichtigsten Wettbewerb für Volksmusikanten. Nach der Schule beginnt er sein Studium am *Mozarteum* in Salzburg. 1994 tritt er erneut beim *„Grand Prix der Volksmusik“* an. Sein Lied *„Montagne Sante“* mit dem *Chor von St. Bartolomä* belegt Platz 2. Im Herbst 1994 wird bekannt, daß aus der Freundschaft zu seiner Kollegin *Stefanie Hertel* Liebe geworden ist. Die beiden sind privat ein Paar, und treten auch auf der Bühne immer öfter gemeinsam auf. So erleben wir sie zum Beispiel 1995 beim *„Grand Prix der Volksmusik“*, wo sie den zweiten Platz belegen mit dem Titel *„Ein Lied für jeden Sonnenstrahl“*.

Kontaktadresse:
Medientelegramm
Königinstr. 121
80802 München

Mühlenhof-Musikanten, Die werden 1978 in Westerloy, einem kleinen Ort im Ammerland aus einer Gruppe von Frauen und deren Töchtern gegründet, um die Traditionen, das Liedgut und die Sprache der Heimat zu pflegen. Leiterin der Gruppe, die 1989 erfolgreich am TV-Wettbewerb *„Lieder so schön wie der Norden“* teilnimmt, ist die Hausfrau und Kauffrau *Annelie Kuhlmann*. Musikalisch betreut wird die Gruppe von *Hans Hee*, der einen großen Teil des Repertoires schreibt und auch als Produzent fungiert: *„Dat noch in hundert Johren“* (*„Grand Prix“* 1991), *„Träume haben Goldene Flügel“* (*„Die Goldene Stimmgabel“* 1995), *„Ach, könnt' man doch ein Rembrandt sein“* (für den *„Grand Prix“* 1995).
„Die Mühlenhof-Musikanten“ werden 1991 und 1992 mit dem *„Edelweiß“* ausgezeichnet.

Kontaktadresse:
eastwest records GmbH
Heußweg 25
20255 Hamburg

Münchner Zwietracht

Die Gruppe wird Anfang der 90er Jahre von den Musikern *Wolfgang Köbele* und *Karl Eichinger* gegründet. Beide sind als Autoren für Stars wie *Maria & Margot Hellwig, Inge & Maria* oder *Marianne & Michael* tätig. Bei Titeln wie *„Juche auf der hohen Alm“* mischen sie die Volksmusik mit anderen musikalischen Stilrichtungen und erwerben sich damit Prädikate wie *„Die Toten Hosen der Volksmusik“*.

Kontaktadresse:
Virgin
Herzogstr. 64
80803 München

Münzner, Fiete

wird am 5. August 1946 als *Jens Münzner* in Cuxhaven geboren. Nach der Schule erlernt er den Beruf des Konditors, wo er schon in frühen Morgenstunden die Melodien seines Idols *Elvis Presley* trällert. Nach einem Aufenthalt in der Schweiz, wo er im „*Kranzler*“ in Zürich arbeitet, zieht es ihn zu neuen Ufern: Der junge Mann von der Waterkant fährt zur See. Während der Christlichen Seefahrt verliert er sein Musikerherz an die schönen, traditionellen Seemannslieder.

Wieder festen Boden unter den Füßen, macht er eine zweite Lehre als Kaufmann in Bremen und macht sich 1976 als Sänger selbständig. Seitdem kennt das Publikum den „Singenden Seemann“, der in zahlreichen Rundfunk- und Fernsehsendungen zu Gast ist, in denen er seine Lieder aus 17 eigenen Tonträger-Produktionen präsentiert.

M. ist seit 1973 mit Frau *Brigitte* verheiratet und Vater der Kinder *Maike, Nina* und *Stefan.*

Kontaktadresse:
Postfach 10 02 31
30918 Seelze

Müssig, Rudolf

Der Komponist, Texter und Produzent wird am 12. Juli 1953 in Partenstein in Unterfranken geboren. Nach dem Studium der Betriebswirtschaft in Würzburg arbeitet er ab 1978 bei der Schallplattenfirma *Teldec* in der Marketing- und Produktionsabteilung. 1983 macht sich M. selbständig und schreibt als freier Autor Lieder wie *„Nie mehr Bolero"* für *Karel Gott* oder *„Flieg, junger Adler"* für *Tom Astor*, außerdem für Stars wie *Peter Maffay, Roger Whittaker* oder *Roland Kaiser*. Kontakt zur Volksmusik bekommt M. durch den Wettbewerb *„Lieder so schön wie der Norden"*, an dem er nicht nur als Autor, sondern auch als Interpret mit seiner Gruppe *„Nordwind"* teilnimmt.

Dreimal belegt *„Nordwind"* in den folgenden Jahren vordere Plätze des wichtigsten Wettbewerbes für norddeutsche Volksmusik. 1992 gewinnen M. und seine Gruppe sogar den Wettbewerb mit dem Titel *„Ein Fischerleben"*. Während das Publikum M. hauptsächlich als Gitarrist bei *„Nordwind"* kennt, ist er in Fachkreisen als Produzent und Autor begehrt. Seit 1992 ist er Produzent der *Zillertaler Schürzenjäger* und steuert auch als Autor einige Hits zum Erfolg der Supergruppe aus Tirol bei.

Auch beim *„Grand Prix der Volksmusik"* ist M. mit vielen Titeln vertreten. So schreibt er *„Wir"* für das *Heimat-Duo Judith & Mel*, *„Und auf einmal, da liegen die Alpen vor Dir"* für *Hansl Krönauer* oder *„Zur großen Freiheit"* für *Jonny Hill*.

Kontaktadresse:
21224 Rosengarten

Naabtal Duo, Original

1977 gegründet von *Wolfgang Edenharder* und *Hubert Zaschka* in Burglengenfeld bei Regensburg. In der Besetzung Akkordeon / Gesang (*Wolfgang Edenharder*) und Schlagzeug (*Hubert Zaschka*) tritt das *Original Naabtal Duo* bei Festen und Feiern in der Umgebung auf. Auf *Hubert Zaschka* folgen zunächst *Bernhard Stegerer* und *Heinz Baumann* am Schlagzeug, 1985 nimmt dann *Willi Seitz* diesen Platz ein. 1986 produziert *Ambros Seelos* zwei Platten mit dem *Naabtal-Duo*. 1987 wird Erfolgsproduzent *Günther Behrle* aus Regensburg auf die beiden Musiker aufmerksam und produziert mit ihnen den dritten Tonträger *„Schlager, die vom Herzen kommen"*.

1988 reicht er ein Demoband mit dem *Naabtal-Duo* beim *„Grand Prix der Volksmusik"* ein. Die Jury wählt den Titel *„Patrona Bavariae"* aus über 1000 Einsendungen als einen der deutschen Beiträge zum *Grand Prix*. Beim Finale in Zürich gewinnt der als Außenseiter eingeschätzte Titel mit deutlichem Vorsprung. Das *Original Naabtal Duo* wird durch diesen ersten Fernsehauftritt über Nacht zum Wegbereiter des neuen Volksmusik-Booms. Auch die Folgeproduktionen *„G'sundheit ist das größte Glück auf Erden"* oder *„Schutzengel bleib bei mir"* werden zu Erfolgen. Sie werden mehrfach für die Erfolge ausgezeichnet: Mit der *Goldenen Stimmgabel*, dem *Löwen von RTL*, mit dem *„Edelweiß"* und dem *Hermann-Löns-Preis*. 1993 trennt sich Wolfgang von Willi.

Nebel, Carmen

Die Fernsehmoderatorin kommt 1956 im sächsischen Grimma zur Welt. Nach dem Abitur beginnt sie 1975 ihr Studium in den Fächern Germanistik/ Anglistik an der *Humboldt-Universität* in Berlin. Nach dem Studium wird N. 1975 zunächst Lehrerin in Berlin, arbeitet nebenberuflich aber schon als Fernsehansagerin beim Fernsehen der DDR. Nach der Geburt ihres Sohnes *Gregor* im Jahr 1984 beendet sie ihre Arbeit als Lehrerin und wird freiberufliche Mitarbeiterin des Fernsehens. Ihre 1989 begonnene Tätigkeit als Show-Moderatorin (u.a. *„Ein Kessel Buntes"*) wird 1989 mit dem Publikumspreis *„Fernsehliebling"* belohnt - ausgezeichnet als eine der beliebtesten TV-Moderatorinnen. 1989 übernimmt N. ihre erste eigene Sendung. *„Sprungbrett"* ist eine Show für Nachwuchstalente.
Nach der Wiedervereinigung hat N. 1990 ihren ersten gesamtdeutschen TV-Auftritt im ZDF bei der Show *„Willkommen auf Rügen"*. Es folgen zwei Jahre als Moderatorin der *„Aktuellen Schaubude"* im NDR-Fernsehen. Außerdem moderiert sie Shows wie *„Lieder so schön wie der Norden"*, *„Das große Festival der Chöre"* oder die *„ARD-Sportgala"*.
Anfang 1995 bekommt sie ihre erste eigene Samstagabend-Show: Für die ARD moderiert sie mit großem Erfolg die *„Feste der Volksmusik"*.
Seit Anfang 1996 ist N. auch im MDR-Fernsehen mit ihrer neuen Show *„Wunschkonzert"* zu sehen.

Kontaktadresse:
Mitteldeutscher Rundfunk
Kantstr. 71–73
04275 Leipzig

Nockalm-Quintett, Original

das sind, ihr Gründer und musikalischer Leiter, *Heinz Josef Zwatz*, geboren am 7. Juli 1951, *Gottfried Wolfgang Würcher*, geboren am 24. Oktober 1958, *Edmund Wallensteiner*, geboren am 9. Juni 1952, *Dietmar Zwischenberger*, geboren am 22. Juli 1952 und *Wilfried Wiederschwinger*, geboren am 29. Juli 1958.

1984 macht das *„Original Nockalm Quintett"* Stimmungsmusik auf Bällen, Stadtfesten und in den Bars ihres Heimatlandes. Doch schon fünf Jahre später werden sie bis weit über ihre österreichischen Grenzen hinaus bekannt, als sie am 30. November 1989 bei der *Super-Hitparade* des ZDF mit ihrem Titel *„Spiel nie mit dem Feuer"* den ersten Platz belegen. Mit *„Schuld sind Deine himmelblauen Augen"* (einer ihrer größten Hits) nehmen sie 1991 auch am *„Grand Prix der Volksmusik"* teil.

Kontaktadresse:
Koch International
Hermann-Schmid-Straße 10
80336 München

Nordwind

Das Trio aus Rosengarten bei Hamburg wird 1990 von den Komponisten und Produzenten *Rudolf Müssig* und *Gregor Wilczek* gegründet. Beide haben sich durch ihre Arbeit hinter den Kulissen einen Namen gemacht. *Müssig* ist unter anderem Produzent der *Zillertaler Schürzenjäger*. Gemeinsam haben *Müssig* und *Wilczek* für Interpreten wie *Karel Gott* getextet und komponiert. Die Gruppe *Nordwind*, zu der außerdem auch die Flötistin *Nele Schubert* gehört, hat ihren ersten Auftritt beim Wettbewerb „*Lieder so schön wie der Norden*" und belegt den zweiten Platz mit „*Leben auf der Hallig*". 1992 gewinnt *Nordwind* dann diesen Wettbewerb mit dem Lied „*Ein Fischerleben*". 1994 ist die Gruppe mit „*Kleiner Künstler*" Teilnehmer beim „*Grand Prix der Volksmusik*".

Kontaktadresse:
Rudolf Müssig
21224 Rosengarten

Obervellacher Buam

Die Musiker *Hans Noisternig, Rudi Lassnig, Arnold Ferchner, Michael Dullnig, Markus Suntinger, Hannes Naschenweng, Thomas Krabath* formieren sich im österreichischen Kärnten. Erfolge haben die Musiker mit Titeln wie *„I leg mei Hand auf's Herz"* oder *„Happy Girl vom Wörthersee"*.

Kontaktadresse:
Gappen 28
A-9816 Penk

Olivier, Géraldine

wird am 5. Juni 1967 in Neuenburg in der Schweiz geboren und wächst auf in Marly bei Freiburg. Dort singt sie in verschiedenen Chören und wird schließlich Solistin im Chor *„La chanson des 4 saisons"*. Bei Gastspielen mit diesem Chor, unter anderem bei der Weltausstellung in Vancouver, sammelt O. erste Bühnenerfahrung. Nach der Ausbildung zur Sekretärin geht sie als Botschaftssekretärin nach Japan. Dort bekommt sie bei einer Feier Kontakt zur Schweizer Musikszene, den sie nach ihrer Rückkehr ausbaut. 1992 gewinnt O. die Schweizer Ausscheidung zum *„Grand Prix Eurovision"*, wird aber vor dem Finale in Malmö wegen eines Formfehlers disqualifiziert. Der Schweizer Erfolgsautor *Rudi Margreiter* (*Vreni & Rudi*) erinnert sich 1995 an O., als er für sein Lied *„Nimm Dir wieder einmal Zeit"* eine Interpretin sucht. Dieses Lied ist einer der Schweizer Beiträge zum *„Grand Prix der Volksmusik"*. Als Außenseiterin gewinnt O. am 2. September 1995 den Wettbewerb. Dem Sieg im *„Grand Prix der Volksmusik"* folgen ihr erstes volkstümliches Album und eine Deutschlandtournee.

Kontaktadresse:
Medien-Telegramm
Königinstr. 121
80802 München

Ostfriesische Jungs

Die Gruppe aus dem Norden Niedersachsens wird 1990 von *Heiko Fisser-Jourez* und *Jonny Zschoche* gegründet. Die beiden Musiker haben vorher in einem Shantychor gesungen und wollen ihr Repertoire erweitern. Gemeinsam mit *Georg Galts* und *Franz Friesecke* singen sie zunächst vornehmlich norddeutsche Lieder wie *„Insel meiner Träume“*. Die *Ostfriesischen Jungs*, die von *Erich Storz* gefördert und produziert werden, sind inzwischen auch bundesweit mit ihren Liedern bekannt.

Kontaktadresse:
Heiko Fisser-Jourez
Am Deepstück 26 a
26605 Aurich

Oststeirer, Die

werden Anfang der 80er Jahre in Kirchberg in der Steiermark gegründet. Der Erfolg kommt mit Liedern wie *„Die Jodellady"*. Sie werden zu Tourneen durch Europa, Amerika und Australien eingeladen. Mitglied der Gruppe ist auch *Maria Sükar*, die Mutter der Nachwuchssängerinnen *Alexandra Sükar* (*„Komm, setz Di auf an Sonnenstrahl"*) und *Manuela Sükar* (*„Oma, Oma, Omama"*).

Kontaktadresse:
Berndorf 81
A-8234 Kirchberg an der Raab

Paldauer, Die

Die Gruppe wird im österreichischen Ort Paldau von *Franz Griesbacher* gegründet. Die Formation wird wegen ihrer perfekten Live-Show innerhalb kurzer Zeit zu einer der führenden Festzelt-Bands Europas. Der erste internationale Erfolg ist 1989 der Titel *„Tanz mit mir, Corinna"*. *Jean Frankfurter* produziert ab 1990 zahlreiche Erfolgstitel mit ihnen, zum Beispiel *„Das Lächeln einer Sommernacht"* oder *„Auch in der Taiga blühen Rosen"*.
Nach der Trennung von *Jean Frankfurter* wenden sich sie sich mehr dem Schlager zu und sind 1995 dreimalige Sieger in der *„ZDF-Hitparade"*. Ihr mehr volkstümliches Lied *„Am aller aller liebsten"* wird einer der großen Karneval-Hits 1995/96.

Kontaktadresse:
Koch International
Hermann-Schmid-Str. 10
80336 München

Parker, Teddy

wird als *Herwig Parker* am 17. April 1938 in Brünn/Mähren in der CSFR geboren. Auf Wunsch der Eltern studiert er Jura. Er arbeitet nebenher als Bauarbeiter und singt in amerikanischen Klubs, wo er Showgrößen wie *Frank Sinatra, Dean Martin* und *Bing Crosby* imitiert. Mit *„Nachtexpress nach St. Tropez"* hat P. 1961 seinen ersten eigenen Hit. Und es dauert wieder fast zehn Jahre, bis er mit dem Titel *„Wie eine Ladung Dynamit"* an den Erfolg anschließen kann. Dann wird er Programmgestalter beim Bayerischen Rundfunk. Später engagiert ihn der Werbefunk, wo er als Programmchef für den Programmablauf des BRW verantwortlich ist.

Kontaktadresse:
Bayerischer Rundfunk
Rundfunkplatz 1
80300 München

Pat & Paul

Pat wird als *Renate Koch* am 17. April in Lüneburg geboren, *Paul* als *Paul Horst Schweers* am 28. Dezember in Jülich. Sie ist Bürokauffrau, er gelernter Physiotherapeut mit Staatsexamen. Die Liebe zur volkstümlichen Musik führt die beiden zusammen. Sie werden privat ein Paar - und auch auf der Bühne. Mit Erfolg. Denn schon 1969 belegen sie mit dem Titel *„Lieder, die von Herzen kommen"* den ersten Platz bei einem TV-Wettbewerb. Mit 25 Singles- und 16 LP-Produktionen machen die beiden sich auch als Produzenten einen Namen. Die Lieder der Heide, ihrer Heimat, sind nach wie vor ihre Lieblingsthemen. Wen wundert es da, daß *Paul* auch den Kinderchor *„Die Heidelerchen"* produziert.

Kontaktadresse:
Fritz-Reuter-Ring 39
21391 Reppenstedt

Patrizius

Er wird als *Walter H. Leykauf* am 8. Juni 1942 in Regensburg geboren. Als junger Mann ist er Mitglied bei den legendären *Nilsen Brothers*, die durch die deutsche Version von *„Tom Dooley"* berühmt werden und 1965 mit *„Aber Dich gibt's nur einmal für mich"* einen der größten Hits des Jahrhunderts singen. Nach der Trennung der *Nilsen Brothers* setzt *Walter Leykauf* seine Karriere zunächst unter dem Namen *Patrick Nilsen* fort, danach zehn Jahre lang als Mitglied der Vielharmoniker. 1984 startet er seine Solo-Karriere als *Patrizius*, schreibt unter seinem richtigen Namen aber weiterhin Lieder und Texte für andere Interpreten. So entstehen unter anderem *„Tränen passen nicht zu Dir"* für die *Kastelruther Spatzen*, *„Allein die Liebe zählt im Leben"* für *Kurt Elsasser* oder *„Schuld sind Deine himmelblauen Augen"* für das *Nockalm-Quintett*. Alle diese Titel sind erfolgreich beim *„Grand Prix der Volksmusik"*. P. selbst nimmt auch als Interpret an diesem Wettbewerb teil, unter anderem mit dem Titel *„Freunde fallen nicht vom Himmel"*. Seine Lieder wie *„Wünsch Dir was"*, *„Mein Daddy ist in Spanien"*, *„Ich bin was ich bin nur mit Dir"* oder *„Wir sollten uns viel öfter seh'n"* werden zu Ohrwürmern. 1993 hat P. seinen bislang größten Erfolg mit einer neuen Version des alten Blasmusik-Klassikers *„Alte Kameraden"*. Der Titel *„Gute Kameraden"* ist wochenlang in allen Hitparaden. P. wird auch bekannt als Moderator der Fernseh-Sendung *„Nachbarn, kommt rüber"*.

Kontaktadresse:
Communication Creativ
Lange Str. 112
27749 Delmenhorst

Patzschke, Annett und Birgit Das Duo stammt aus Halle an der Saale. Dort wird Mutter *Birgit* am 10. März 1950, Tochter *Annett* am 4. September 1972 geboren. 1989 bestehen Mutter und Tochter in der damaligen DDR die Berufsmusikerprüfung und sind seitdem unterwegs als Sängerinnen mit den *Giebichensteiner Burgmusikanten*. *Annett* arbeitet hauptberuflich als Musiklehrerin, *Birgit* im Juweliergeschäft ihres Mannes. Erfolgreich sind sie mit Liedern wie *„Wir sind auf dem richtigen Dampfer“*.

Kontaktadresse:
Wolfensteinstr. 10
06114 Halle

Petrel, Peter

wird am 14. April 1940 in Frankenhausen geboren. Eigentlich träumt er schon als Kind davon, ein berühmter Maler zu werden. Als er jedoch in den „wilden Sechzigern" nach Hamburg kommt und Mitglied der *„Rentnerband"* wird, ist sein Weg in die Zukunft vorgezeichnet. Erst recht, als er 1968 mit dem *„Goldenen Mikrofon"* als „beste Jazzstimme Deutschlands" ausgezeichnet wird. Zu seinen größten Hits gehört der Millionenseller *„How do you do"*, den er 1972 mit *Jeanny McKinley* präsentiert. Das Lied, das er 1981 vorstellt, könnte auch sein Lebensmotto sein: *„Ich bin viel zu bescheiden"*. Denn P. hat für jeden Publikumsgeschmack das richtige Programm auf seiner musikalischen Palette. So hat das Multitalent auch im volkstümlichen Bereich seine Anhänger. Mit *„Fährmann hol' über"* und *„In Hamburg ist noch Licht an"* nimmt er an Wettbewerben wie dem *„Grand Prix"* und *„Lieder so schön wie der Norden"* teil.

Zu Hause ist P. mit Frau *Deborah* und Töchterchen *Sintha* im Nachbarland Holland.

Kontaktadresse:
da-music
Kruppstraße 7
49356 Diepholz

Prock, Edith

Kontaktadresse:
BMG Ariola
Hörselbergstraße 5
81677 München

wird am 5. Dezember 1949 in Hienheim bei Kehlheim geboren. Schon während der Schulzeit als Mitglied des Kinderchores des Bayerischen Rundfunks festigt sich der Wunsch, später einmal als Sängerin auf der Bühne zu stehen. Dennoch macht sie den Realschulabschluß und wird Sekretärin. Doch die Musik läßt die junge Dame nicht mehr los.

Darum nimmt sie privat Musik-Unterricht (Akkordeon und Klavier), um schon mit 16 als Bandsängerin aufzutreten. Mit *Claudia Schwarz* und *Renate Maurer* singt sie bei den *„Munich Voices"*, einem hervorragenden Münchner Studiochor. Und auch *Dieter Reith*, der bekannte Orchesterchef, holt P. immer wieder als Bandsängerin. 1989 macht sie mit dem Titel *„Hörst Du die Glocken von Stella Maria"* (Autorin: *Herlinde Grobe*) den zweiten Platz beim *„Grand Prix"*. *„Santa Carina"* ist der Titel ihres aktuellen Albums, mit dem sie an ihre Erfolge als Solo-Sängerin anknüpfen kann.

Quinn, Freddy

wird am 27. September 1931 in Wien als Sohn eines irischen Kaufmanns und einer österreichischen Journalistin geboren. Nach zahlreichen Auslandsreisen kommt er 1950 nach Hamburg, wo er als Sänger in der (durch ihn) berühmten *„Washington-Bar"* auftritt. Er nimmt Gesangsunterricht bei Prof. *Möbius* und läßt sich von dem unvergessenen *Joseph Offenbach* zum Schauspieler ausbilden.

Der Sänger macht eine Bilderbuchkarriere: Von seinem ersten Lied, das er 1956 veröffentlicht, sind bis heute über acht Millionen Tonträger verkauft worden. Fernweh und ein Schuß Seemannsromantik prägen seine Titel, von denen die meisten erfolgreich sind. So gibt es kaum eine Auszeichnung (z.B. 15 *Goldene Schallplatten,* 15 „Löwen", „Das goldene Grammophon", „Goldener Bildschirm", 2 *„Midem Awards", „Goldene Europa", „Circus Oscar"*), mit der Q. nicht geehrt wird.

1957 dreht Q. seinen ersten Film mit dem Titel *„Die große Chance"*. Er ist Darsteller in einem Dutzend Kinohits, von denen *„Die Gitarre und das Meer"*, 1959, und *„Unter fremden Sternen"*, 1960, als die erfolgreichsten Filme der beiden Jahre mit dem *„Bambi"* in Gold ausgezeichnet werden. Dann folgt im Leben des ungekrönten Publikumslieblings eine weitere Karriere als Musical-Star (*„Heimweh nach St. Pauli"*) und als Volksschauspieler (*„Der Junge von St. Pauli"*). Man sieht ihn in TV-Serien (*„Großstadtrevier"*) und 1993/94 als den

SEA GARDEN
TENNIS & BEACH RESORT

kauzigen Westernhelden *Sam Hawkins* bei den „*Karl-May-Festspielen*" in Bad Segeberg und 1995/96/97 mit „*Große Freiheit Nr. 7*" auf Theatertournee.

Kontaktadresse:
Postfach
22363 Hamburg

Rebroff, Ivan

wird als *Hans-Rolf Rippert* am 31. Juli 1931 in Berlin als Sohn eines Ingenieurs geboren. Er wächst in der Mark Brandenburg auf. Schon als Internatsschüler in Halle fällt R. durch seine schöne Stimme auf und erhält daraufhin erste Gesangsstunden. Als R. 1952 mit der Mutter nach Hamburg übersiedelt, erhält der Elfjährige ein Stipendium und studiert an der Staatlichen Musikhochschule Gesang. Er nimmt auch Schauspielunterricht und nennt sich *„Rebroff“*, als der Dirigent *Scholuch* ihn 1954 in seinen *Schwarzmeer-Kosakenchor* aufnimmt.

Seine Laufbahn als Solist beginnt R. 1959 in München, wo er den ersten Preis in einem Musikwettbewerb gewinnt. Sein Debüt gibt er 1960 an der Oper in Gelsenkirchen. Ab 1963 singt und spielt er sechs Jahre lang an den *Städtischen Bühnen in Frankfurt am Main*.

Dann beginnt 1969 mit einem sensationellen Erfolg als Milchmann *„Tevje“* in *„Anatveka“* im Pariser *„Olympia“* seine Weltkarriere mit über 1000 ausverkauften Vorstellungen.

Er widmet sein Können aber auch dem volkstümlichen Genre. Mit seinen schwermütigen russischen Liedern erobert er die Menschen in Ost und West. Im Fernsehen wird er Dauergast.

Kontaktadresse:
Konzertbüro Richard Weber
Hauptstraße 66
77652 Offenburg

Reiber, Carolin

wird am 2. November 1940 in München geboren. Sie besucht Internate in London und Barcelona und läßt sich zur Auslandskorrespondentin ausbilden.

Sie nimmt Sprechunterricht und wird 1959 Ansagerin beim Bayerischen Rundfunk.

Nachdem sie 1962 bundesweit im Programm der ARD zu sehen ist, wird sie auch als Moderatorin eingesetzt und präsentiert Sendungen wie *„Zwischen Spessart und Karwendel"* und *„Münchner Nachmittag"*.

Zum TV-Star avanciert sie, als sie mit Erfolg von 1979 bis 1983 die deutsche Vorentscheidung zum *„Grand Prix de la Chanson"* und später die *„ARD-Fernseh-Lotterie"* moderiert. Beim ZDF präsentiert sie mit großem Erfolg die *„Volkstümliche Hitparade"*. Und einmal im Jahr ist sie neben *Karl Moik* (ORF) und *Sepp Trütsch* (SRG) das hübscheste Moderatoren-Drittel beim *„Grand Prix der Volksmusik"*.

Kontaktadresse:
c/o ZDF, Show 3
Postfach 40 40
55100 Mainz

Ronny

wird am 10. März 1930 als *Wolfgang Roloff* in Bremen geboren. Seinen Weg in die Musik beginnt der talentierte Musiker als gelernter Tontechniker - später sogar im eigenen Studio. Er spielt anfangs den Baß in der Band von *James Last.* Dann raten Freunde dem Mann mit der schönen Stimme, selbst als Interpret sein Glück zu versuchen.

So startet er 1964 mit dem von *Hans Hee* geschriebenen Titel *„Oh, my Darling Caroline"* und landet gleich einen Hit. Noch im gleichen Jahr folgen die Titel *„Kleine Anabell"* und *„Kein Gold am Blue River"*. Alle seine Produktionen kommen in die „top ten". R. produziert auch einen kleinen Holländer, der hierzulande der Größte ist: *Heintje* (*„Mama"*, *„Ich kauf Dir ein Schloß"*). Seit Jahren kann man R. nur noch im Rundfunk hören. Er selbst tritt nicht mehr öffentlich auf.

Kontaktdadresse:
Studio Nord
Mühlenfeldstraße
28355 Bremen

Sanders, Norman

wird am 29. November 1954 als *Norman Pech* in Schlesien geboren. *Ernst Mosch* entdeckt den Sänger und engagiert ihn für seine *„Original Egerländer Musikanten“*. 1987 trennt sich S. von *Ernst Mosch* und widmet sich seiner Solokarriere.

Kontaktadresse:
Koch International
Hermann-Schmid-Str. 10
80336 München

Schäfer, Die

Die Gruppe wird 1991 in Bretten gegründet. Hervorgegangen ist sie aus einer 80 Mitglieder starken Trachten- und Brauchtumsgruppe, die bei Festen das Schäferleben aus dem Mittelalter nachstellt. *Thomas Rothfuß* und *Uwe Erhard* nehmen mit wechselnden *„Schäferinnen“* mehrere Titel auf. Schon die erste Platte „Halt den Sonnenstrahl fest“ wird ein Riesenerfolg. Der Debüt-Single, die als Versuch gedacht ist, folgt die erste LP mit dem Titel *„Ich lebe gern in diesem Land“*. Unterstützt wird sie auch von dem Team der *„Flippers“*. Die Tochter von *Flippers*-Sänger *Olaf Malolepski* ist bei einigen Liedern dabei, zum Beispiel bei *„Sag' mir, wo ist der Himmel“*. 1992 bekommen die Musiker die *„Goldene Stimmgabel“*. Mit Liedern wie *„Wenn die Heidschnucken“* oder *„Unser kleines Himmelreich“* sind sie in allen Hitparaden vertreten. 1994 entsteht die bislang erfolgreichste Produktion *„Kopf hoch“*, auf der neben neuen Werken auch alte Volkslieder im neuen Gewand zu hören sind.

Kontaktadresse:
Künstlermedia
Heinrich-Kahn-Str. 27
89150 Laichingen

Schenk, Heinz

wird am 11. Dezember 1924 als Sohn eines Drogisten und einer Tänzerin in Mainz geboren. Schon als 15jähriger nimmt er Schauspielunterricht am Wiesbadener Konservatorium. Danach arbeitet er als Conférencier, in Kabaretts und bei Veranstaltungen des Hessischen Rundfunks. Mit der beliebten Hörfunk-Sendung *„Frankfurter Wecker"* wird Sch. einem großen Publikum bekannt.

Ein Millionenpublikum erobert er sich, als er 1966 als Oberkellner von *Otto Höpfner* die Fernseh-Unterhaltungssendung *„Zum Blauen Bock"* übernimmt. Bis zu 16 Millionen Zuschauer schalten sich ein, bis sich Sch. 1987 als fröhlicher TV-Gastgeber nach 21 Jahren verabschiedet.

Danach sieht das Publikum den erfolgreichen Buchautor (*„Die Sanduhr des Lebens"*) und Plattenstar in zahlreichen Shows wieder und als Theater-Schauspieler (z.B. in *Moliers „Der Geizige"*) in Frankfurt. Doch dann holt ihn sein Heimatsender, der Hessische Rundfunk, wieder in die TV-Studios. *„Fröhlich eingeschenkt"* ist der Titel einer neuen Abendunterhaltungssendung, die Sch. in beliebter Art seit 1995 in der ARD präsentiert.

Sch. ist seit 1941 mit Frau *Gerti* verheiratet.

Kontaktadresse:
Am Holderstrauch
65207 Wiesbaden

Schilcher, Die

Die Schweizer Gruppe wird 1991 unter dem Namen *„Schilcher Buam"* von *Willi Possert* gegründet und tingelt zunächst als Liveband durch ihre Heimat. Als sie 1992 in *Carolin Reibers* Nachwuchssendung *„Auftakt"* den ersten Platz belegen, finden sie im gesamten deutschsprachigen Raum Freunde. Mit Liedern wie *„Ich jodle rauf zum Herrgott"* erobern sie die Hitparaden. Dreimal vertreten sie ihre Landesfarben beim *„Grand Prix der Volksmusik"*; 1995 mit dem Titel *„Meine Uhr spielt verrückt"*.

Kontaktadresse:
Willi Possert
Oberlangenhardd
CH-8486 Rikon

Schmiedel, Peter

wird am 25.September 1945 geboren. Er spielt schon als junger Mann in zahlreichen Bands und findet so den Weg zur Volksmusik. Die Branche wird auf ihn aufmerksam, als er so bekannte Evergreens wie das Lied von der *„Köhlerliesel“* im völlig neuen Sound präsentiert.
Heute arbeitet Sch. vorwiegend als Autor und Produzent für *Teddy Parker, die Zillertaler* und *Edward Simoni* (*„Wie die Vögel im Wind“*). Mit dem Titel *„Seemannsgarn“* hat er am *„Grand Prix der Volksmusik“* teilgenommen.

Kontaktadresse:
Holzmarkt 23
38176 Sophiental

Schneider, Willy

wird am 5. September 1905 als Sohn eines Metzgermeisters in Köln geboren. Nach der Mittleren Reife macht er eine Metzgerlehre und übernimmt 1927 den elterlichen Betrieb. Dann aber entdeckt er die Liebe zur Musik und läßt seine tiefe Stimme von Professor *Glettenberg* ausbilden.

Seine Laufbahn als Sänger beginnt 1930 als Mitglied des Rundfunk-Chores. Die Sendung *„Der frohe Samstagnachmittag"* macht ihn im ganzen Sendegebiet als Solosänger so bekannt, daß er fünf Jahre später das berühmte *„Schwalbenlied"* auf einer Schellack-Platte präsentieren kann, von der sensationelle 300.000 Stück verkauft werden. Deutschlands großer Volkssänger macht eine internationale Karriere durch zahlreiche Tourneen und singt u.a. im *„Madison Square Garden"*, der großen Sportarena und der *„Carnegie-Hall"* in New York.

Seine erfolgreichsten Titel wie *„Wenn das Wasser im Rhein gold'ner Wein wär"*, *„Wenn abends die Heide träumt"* und *„Schütt die Sorgen in ein Gläschen Wein"* werden Evergreens.

Sch. stirbt 1989 im Alter von 83 Jahren.

Schock, Rudolf wird als Sohn eines Hafenarbeiters am 4. September 1915 in Duisburg geboren. Bereits mit sechs ist er Mitglied eines Kinderchors. Nach dem Tod des Vaters arbeitet seine Mutter als Garderobenfrau am Opernhaus seiner Heimatstadt. Er absolviert später in Köln und Hannover eine Musik- und Gesangsausbildung, erlernt aber auf Wunsch der Mutter „ganz nebenbei“ noch einen „anständigen“ Beruf: Er wird Friseur.

Als sich Sch. dann 1933 mit 60 anderen Tenören (mit dem Einzugsmarsch aus *„Tannhäuser“*) an der *Duisburger Oper* bewirbt, erhält der erst 18jährige sein erstes Engagement.

Er singt in Bayreuth, Braunschweig und Berlin. Dann muß er seine Karriere unterbrechen, um eine andere Rolle zu übernehmen: Er wird Soldat.

Nach Kriegsende beginnt Sch. zunächst am *Opernhaus in Hannover*, geht dann aber an die *Staatsoper Berlin-Ost*. Als lyrischer Tenor begeistert er später die Opernfreunde in London, Wien, Hamburg, München – und wieder Berlin. Sch. zählt zu den wenigen Tenören, die besonders im italienischen Fach Weltrang erreichen. Zu seinen erfolgreichsten Tenorpartien gehören u.a.: *„Die Zauberflöte“*, *„Die Entführung aus dem Serail“*, *„Don Giovanni“*, *„Rigoletto“*, *„La Traviata“*, *„La Bohéme“* oder *„Tosca“*. Bereits 1954 wird ihm der Titel eines österreichischen Kammersängers verliehen. Er singt aber auch volkstümliche Lieder

und ist damit in zahlreichen Wunschkonzerten auf der Bühne, in Rundfunk und Fernsehen zu hören. Er wandert gern, singt und spielt in Heimatfilmen (*„Schön ist die Welt“*) und feiert große Erfolge mit Musikfilmen wie *„Du bist die Welt für mich“* oder *„Gräfin Marita“*.
Sch. ist für seine Leistungen oftmals ausgezeichnet worden. Er stirbt am 13. November 1986 in seinem Haus in Düren.

Scholz, Walter

wird am 15. April 1938 in Arolsen geboren. Nach dem Musikstudium wird er zuerst Trompeter in zahlreichen Orchestern, unter anderem bei den *Münchner Philharmonikern*. 1962 wird S. Solo-Trompeter im Sinfonie-Orchester des Südwestfunks in Baden-Baden. Durch zahlreiche Fernsehsendungen bekommt er Kontakt zur Volksmusik. 1984 spielt er die *„Sehnsuchtsmelodie"*, die zu einem Riesenhit wird. Für zahlreiche andere Stars, unter anderem für *Grand Prix*-Sieger *Stefan Mross*, ist er das Vorbild.

Kontaktadresse:
Herbert Nold
Kanalstr. 7
76437 Rastatt

Schünemann, Peter

Er wird am 1. Januar 1952 in Holzminden an der Weser geboren. Neben seiner Ausbildung als Rechtsanwaltsgehilfe verdient er sich Geld als Musiker in verschiedenen Bands. 1968 gewinnt S. einen Nachwuchswettbewerb in Hannover. Am Konservatorium in Göttingen läßt er sich anschließend zum Musiklehrer ausbilden. Der große Durchbruch kommt, als sein selbstverfaßtes Lied *„Der alte Kapitän mit der Ziehharmonika"* zum ersten Mal im Lokalradio gespielt wird. Im Selbstvertrieb verkauft S., der heute hauptberuflich eine Musik- und Karateschule betreibt, mehrere 10.000 Exemplare seines Liedes. Seine zweite CD, auf der neben Weserliedern auch einige moderne volkstümliche Schlager zu hören sind, wird von *Bernd Dietrich* (*Matthias Reim, Heike Neumeyer*) produziert.

Kontaktadresse:
Galgenweg 5
37170 Uslar-Bollensen

Schürzenjäger

Die Gruppe aus Mayrhofen in Tirol wird in den 70er Jahren von *Peter Steinlechner*, *Alfred Eberharter* und *Willi Kröll* gegründet. Nach der ersten Platte unter dem Titel *„WAP“* taufen sie sich in *Zillertaler Schürzenjäger* um. Erste Erfolge haben sie mit Volksmusik aus dem Zillertal. Sie schreiben eigene Titel und entwickeln als eine der ersten Gruppen die traditionelle Volksmusik hin zum volkstümlichen Schlager. In dieser Zeit entstehen Hits wie *„Glückwunsch an die Braut“*, *„Ich lieb' die Berge meiner Heimat“* oder *„Logo Logo“*. Aus dem Trio wird im Laufe der Jahre ein Sextett, als 1985 zunächst *Freddy Pfister*, später dann *John Patrick Cox* und *Günter Haag* dazukommen. Auch musikalisch verändert sich die Gruppe, die ab Anfang der 90er Jahre zum Vorreiter des *„Alpenrock“* wird. In ihren Konzerten spielen sie neben volkstümlichen auch rockige Titel. Und auch in ihren Liedern mischen sich verschiedene Stilrichtungen.
1991 nehmen sie den Volksmusik-Oldie *„Sierra Madre“* von *Ronny* neu auf, der in ihrer Version zu einem der größten Hits der 90er Jahre wird. 1992 produziert *Rudolf Müssig* die LP *„Schürzenjäger 1992“* mit Liedern wie *„Der Jodelautomat“* oder *„Teure Heimat“*, die sie zu Superstars macht. Besonderen Erfolg haben sie als Live-Künstler, die zu ihren Open-Airs ins heimatliche Zillertal mehr als 30.000 Besucher locken. 1995 streichen sie den Namen *„Zillertaler“* und nennen sich fortan nur noch *Schürzenjäger*.

Kontaktadresse:
Tirol Musik Kontakt
Villa Nova
Kalkofenweg 24
A-6020 Innsbruck

Günter
Patrick

Schwarzwälder Stockmihli Musikanten, Original

Kontaktadresse:
Daniel Fehrenbach
Postfach
79843 Löffingen

Der Ursprung der Stockmihli-Musikanten ist in der badischen Fastnacht zu suchen, und ihre Geschichte ist ein gutes Stück verbunden mit dem 1953 gegründeten Verein der *„Krummen Hexen"*, einer Gruppe, die sich im Einvernehmen mit der Narrenzunft der Gestaltung des Hexensonntages und des Fastnachtsdienstages verschrieben hat.
Als 1954 die *„Krummen Hexen"* nach musikalischer Begleitung für ihren Umzug suchen, springen *Franz Miller* und *Raimund Neukum* mit Akkordeon und Trompete ein. Ein Jahr später gehören die beiden schon ganz selbstverständlich mit dazu.
Bald steigt die Zahl der Mitglieder. *Hermann Werner, Karl Hofacker, Johann Laufer* und *Bruno Glatz* unterstützen die Gruppe zur Fastnachtszeit, während *Erwin Schmid* und *Otto Walch* zur festen Besetzung der *„Stockmihli"*, wie sie seit dieser Zeit genannt werden, gehören.
Die Musiker aus dem Schwarzwaldort Löffingen beherrschen 30 Instrumente. Berühmt sind sie für ihre Live-Shows und ihre Volksmusik im modernen Gewand.

Sebastian, Peter

wird als *Walter Böhringer* am 8. Januar 1958 in Burgfarenbach bei Fürth geboren. Nach der Schulzeit lernt er in der Gastronomie und arbeitet als Kellner. Im Sommer 1981 wird er auf Sylt von *Lilli Blessmann* entdeckt, die schon mit *Freddy Quinn* beweist, daß sie eine absolute Kennerin der Branche ist. Sie gibt dem Newcomer eine Chance, die der gebürtige Franke auch nutzt. Unter der Leitung erfolgreicher Komponisten und Produzenten wie *Otto Dehmler, Georg Moslehner* entstehen die ersten Tonträger. Seinen großen Durchbruch aber schafft der Sänger erst mit dem Titel *„Du schwarzer Zigeuner"*, den er selbst produziert.
Der Sänger, der als Produzent (für *Lolita, Wolfgang Sauer, Regina Thoss, Ulla Norden, Jimmy Makulis* und *Felix Pascal*) erfolgreich arbeitet, wird aber auch als Moderator des Hamburger Senders *„Alsterradio"* einem großen Publikum bekannt. Immer wieder sonntags präsentiert er seine Sendungen *„Ein Pfund Musik"* und *„Alster-Cafe"*.
Privat ist der Künstler viele Jahre Botschafter und Förderer des *„Gemeinnützigen Jugendwerkes unfallgeschädigter Kinder"* der Hamburger Polizei, das im Herbst 1995 sein 30jähriges Jubläum feiert. Für seine Arbeit als Botschafter und Förderer wird er im November 1995 vom Hamburger Innensenator *H. Wrocklage* mit einer *„Medaille für treue Arbeit im Dienste des Volkes"* ausgezeichnet.

Kontaktadresse:
Toi,Toi, Toi Records
Reeseberg 178 a
21079 Hamburg

Seitz, Willi

wird in Wolfsegg bei Regensburg geboren. Schon mit zwölf sitzt der Bub hinter dem Schlagzeug. Später spielt er auf Dorffesten und bei Hochzeiten. Und er tritt schon in jungen Jahren erfolgreich als Sänger auf. Für ihn deshalb völlig unvorstellbar, warum die Eltern darauf bestehen, daß der musikbegeisterte Junior erst einmal „was anständiges“ erlerne. So wird der *Willi* zwar Textilkaufmann, doch nebenher macht der talentierte junge Mann eine Musikausbildung beim *Stadt-Theater in Regensburg*. 1985 wird S. dann Partner von *Wolfgang Edenharder*, mit dem er vier Jahre später als *„Das Original Naabtal-Duo“* und dem Titel *„Patrona Bavariae“* in Zürich den *„Grand Prix der Volksmusik“* gewinnt. Über Nacht machen die beiden *„Naabtaler“* eine unglaubliche Karriere, erhalten die *„Goldene Stimmgabel“*, den *„Löwen von RTL“*, gleich zweimal das *„Edelweiß“* und die *„Hermann-Löns-Medaille“*. Die Fans in Stadt und Land begreifen nicht, warum sich *Edenharder* im Herbst 1993 von S. trennt. Im Jahr 1994 ist S. zur Überraschung der Branche wieder da. Als Solosänger und Schlagzeuger. Mit neuer Band und neuem Titel: *„Willi Seitz und seine Freunde“*. Das sind: *Henny Knops* (Gitarren), *Frans Senden* (Keyboards) und *Danny Winters* (Bass). *Willi und seine Freunde* werden die Hitparaden-Könige des Jahres. Geschickt aufgebaut und produziert von einem Profi: Von *Heino*. 1995 übernimmt ihn *G.G. Anderson*.

Kontaktadresse:
east west records
Heußweg 25
20255 Hamburg

Sepp und die Steigerwälder Musikanten

Die Gruppe wird 1988 von *Sepp Hauck* gegründet. Die Musiker aus dem Steigerwald sind vorher alle in anderen Formationen tätig. Sie machen sich vor allem als Live-Gruppe einen Namen, haben aber auch Plattenerfolge, zum Beispiel den Stimmungshit *„Laß mich heute Nacht Dein Knutschbär sein“*. 1996 wird *Wolfgang Herrmann* neuer Produzent der lustigen Musikanten, die sich als Tourneeband einen wohlklingenden Namen gemacht haben.

Kontaktadresse:
Sepp Hauck
Bergstr. 18
97513 Michelau

Shalay, Joshi

wird am 2. März 1959 in Wien geboren. Mit zehn Jahren beginnt er sein Musikstudium am Konservatorium in Wien und gewinnt als Sechzehnjähriger den zweiten Platz bei einem internationalen Violinwettbewerb. Um das Studium zu finanzieren, spielt S. in Wiener Restaurants als Tischmusiker. In einem dieser Restaurants wird er von *Ivan Rebroff* entdeckt, der ihn mit auf seine zweijährige Welttournee nimmt.

Seine erste Plattenaufnahme *„Gipsy Power"* ist der Grundstein für die weitere Karriere. 1995 erlebt man ihn beim *„Grand Prix der Volksmusik"*, bei dem er das Lied *„Pannonische Träume"* präsentiert.

Kontaktadresse:
Koch International
Hermann-Schmid-Str. 10
80336 München

Siegel, Ralph

wird am 30. September 1945 in München als Sohn des Komponisten *Ralph Maria Siegel* („*Capri-Fischer*") geboren. Seine Mutter *Ingeborg Döderlein* ist eine bekannte Operettensängerin. S. besucht eine Schweizer Schule, die er mit dem Abitur abschließt. Nach einer gründlichen musikalischen Ausbildung führt er Verlag und Plattenfirma (*Jupiter*) seines Vaters weiter, arbeitet aber auch überaus erfolgreich als Komponist, Texter und Produzent. Nach vielen Schlagererfolgen, zum Beispiel Titel für *Katja Ebstein, Dschingis Khan, Peter Alexander* oder *Nicole* („*Ein bißchen Frieden*") wendet er sich Anfang der 90er Jahre auch der Volksmusik und volkstümlichen Schlagern zu. Unter anderem lernt er die Münchner Steuergehilfin *Angela Wiedl* kennen, die er binnen eines Jahres zu einem Superstar macht.

S., der die meisten seiner inzwischen über 1100 Titel gemeinsam mit *Bernd Meinunger* schreibt, betreut in der Volksmusik auch andere Künstler wie *Tomy Temerson*. Als Komponist arbeitet *Siegel* oft unter dem Pseudonym „*Willi Klüter*".

Kontakadresse:
Höchlstr. 2
81675 München

Silbereisen, Florian

Der junge Akkordeonspieler kommt 1982 zur Welt. Da seine Eltern sein Talent früh erkennen, bekommt er vom fünften Lebensjahr an Musikunterricht auf der Steirischen Harmonika. 1991 entdeckt *Karl Moik* den jungen Florian für das Fernsehen. Ein Jahr später gewinnt S. den *ORF-Talentwettbewerb* und wird als bester Nachwuchskünstler mit der *„Krone der Volksmusik"* ausgezeichnet. Fachleute vergleichen sein Spiel auf der Steirischen Harmonika mit dem von *Alfred Eberharter* (*Zillertaler Schürzenjäger*).

Kontaktadresse:
Medien-Telegramm
Königinstr. 121
80802 München

Simon, Hans-Arno

wird am 19. September 1919 in Breslau geboren. Er studiert Kunstgeschichte, Theaterwissenschaft, Germanistik - und Musik. Dabei bleibt er auch im späteren Leben. 1950 geht er als Programmchef zu Radio Hamburg, dann macht er als Pianist und Solosänger Karriere. Sein erster Titel *„Anneliese“*, den er 1953 präsentiert und zu dem er die Melodie geschrieben hat, wird auf Anhieb zu einem Riesenhit. So auch der zweite Schlager, den er noch im gleichen Jahr produziert: *„Ach', sag doch nicht immer wieder Dicker zu mir“*. S., der auch zahlreiche Film- und Fernsehmusiken komponiert, ist der erste deutsche Interpret, der 1953 mit einer Goldenen Schallplatte ausgezeichnet wird.
S. stirbt am 23. Juli 1989 in seiner bayerischen Wahlheimat Murnau.

Simone & Bettina

Simone wird am 17. Januar 1973, ihre Schwester *Bettina* am 23. Mai 1975 in Strengen am Arlberg (Österreich) geboren. Bei Heimatabenden singen die beiden die Hits ihrer großen Vorbilder *Gitti & Erica* nach. Sie gewinnen zahlreiche Nachwuchs- und Talentwettbewerbe in Österreich, Deutschland und der Schweiz. Die folgenden Angebote verschiedener Plattenproduzenten lehnen sie ab und suchen ihrerseits Kontakt zu *Peter Steinlechner* und *Alfred Eberharter* von den *Schürzenjägern*. Nach dem erfolgreichen Vorsingen nehmen sie in deren Studio einige Titel auf. Mit dem Lied *„Mach Dei Herzerl auf"* gewinnen sie 1992 in der Nachwuchs-Sendung *„Auftakt"* im ZDF den ersten Platz. Trotz ihres Studiums in Innsbruck widmen sie sich weiter der Musik und veröffentlichen 1995 das Album *„Heidemorgen"*, das von *Michael Reinecke* produziert wird.

Kontaktadresse:
Grieshof 166 a
A-6571 Strengen am Arlberg

Simoni, Edward

wird am 7. August 1959 in Beuthen in Oberschlesien geboren. Der musikalische Junge lernt zunächst das Spiel auf der Violine und wird Star des Schulorchesters. Am Konservatorium in Kattowitz studiert er Querflöte und Klavier, entdeckt aber aus Zufall seine Liebe zur Panflöte. Nach seiner Übersiedlung nach Deutschland wird er 1991 von *Herbert Nold* (Manager von *Tony Marshall*) entdeckt. Sein erstes Album *„Pan-Träume"* wird ein Bestseller, der Titelsong daraus gewinnt die *Hitparade der Volksmusik*. Auch in der *Schlagerhitparade* ist *Edward Simoni* erfolgreich. 1991 zeichnet ihn *Dieter Thomas Heck* als Neuentdekkung mit der *„Goldenen Stimmgabel"* aus. S. vertritt Deutschland auch im *„Grand Prix der Volksmusik"*.
Inzwischen komponiert das musikalische Multitalent die meisten Titel selbst.
S. ist Junggeselle und lebt in der Schwarzwald-Metropole Freiburg.

Kontaktadresse:
Herbert Nold Managment
Kanalstr. 7
76437 Rastatt

Solera, Pepe

wird in Norditalien geboren. Bereits mit sechs Jahren nimmt er Klarinettenunterricht und besteht mit Zehn die Aufnahmeprüfung am Konservatorium von Ferrara. Außerdem lernt er weitere Blasinstrumente, zum Beispiel Saxophon, Querflöte und Panflöte. 1973 zieht S. nach München und wird innerhalb kurzer Zeit zu einem der gefragtesten Studiomusiker. Er arbeitet für zahlreiche Interpreten der Volksmusik, aber auch für *Liza Minelli, Queen* oder *Donna Summer*. Als Interpret wird er bekannt, als er eigene Lieder und alte Volksweisen auf mehreren Tonträgern veröffentlicht, mit seiner Panflöte meisterhaft dargeboten.

Kontaktadresse:
Postfach 15 12 27
80047 München

Speelwark

das sind Lehrer einer Gesamtschule in Elmshorn, die 1983 mit zwei ihrer Schülerinnen eine Musik- und Gesangsgruppe gründen, um die Sprache und das Liedgut ihrer schönen plattdeutschen Heimat zu hegen und zu erhalten. Sie spielen auf bei Hochzeiten und Dorffesten und besingen in ihren fröhlichen Liedern dat Land un de Lüüd. Und damit haben sie soviel Erfolg, daß diese Formation recht schnell über die schleswig-holsteinischen Grenzen bekannt wird. *Helmut Hamke*, der „Mann mit der Mütze", hatte die Idee, nun auch profihaft zu arbeiten. Das gelingt den *„Speelwarkern"* 1989 mit ihrem ersten Plattentitel *„Freesland"*. Die urigen Musiker haben Erfolg beim *„Grand Prix der Volksmusik"* und bringen als glaubwürdige Interpreten frischen Wind in die stark vom Süden geprägte volkstümliche Musikszene. Dafür erhalten sie im gleichen Jahr als Nachwuchs das *„Edelweiß"*. Inzwischen sind die „lustigen Musikanten" aus dem fröhlichen Norden längst etabliert.
Boß der Gruppe ist *Helmut Hamke*, der zusammen mit *Claudia-Christine Früchtenicht* als Sänger auftritt. Für *Annakathrin Hörster* (Flöte, Violine) rückt *Urte Kühl* nach. An der Gitarre: *Harald Meier-Spiering*, am Bass: *Albrecht von Reibnitz*, am Akkordeon und an den Keyboards: *Michael Lehmann*.
Die Gruppe gehört zur festen TV-Mannschaft der volkstümlichen Sendung *„Freut Euch des Nordens"* vom Norddeutschen Rundfunk.

Kontaktadresse:
Dorfstraße 80 a
25336 Kleinnordende

Stark, Winfried und seine Steigerwälder

Stark wird am 9. Januar 1955 in Gerolzhofen als Sohn eines Schäfers geboren. Schon mit zehn Jahren spielt er die Trompete so profihaft, daß er als Hospitant am Musikkonservatorium in Würzburg aufgenommen wird. Sein Studium setzt er dann für die Fächer Trompete und Klavier in Nürnberg fort. Und weil seine Eltern dagegen sind, daß der Junior als „Lustiger Musikant" durchs Land zieht, wird er Fachlehrer für Musik. Da er zwischendurch aber immer wieder mal bei einem Blasorchester anheuert, um die Praxis nicht zu verlieren, beschließt er, 1977 sein eigenes Orchester zu gründen - *„Die Original Steigerwälder"*. Nach einem grandiosen Start und ungezählten Auftritten fällt die Gruppe fast auseinander, als einer ihrer Musiker stirbt. Seit 1989 aber ist St. mit seinen *„Original Steigerwäldern"* wieder da. Mit über 200 Galas ist dieses Orchester eines der gefragtesten.

Kontaktadresse:
Koch International
Hermann-Schmid-Straße 10
80336 München

Steffi & Bert

Stefanie Simon (geboren 6. Oktober) und *Bert Beel* (geboren 1.12.1944) sind zwei waschechte Berliner. 1973 gewinnt *Bert Beel* einen Talentwettbewerb des SWF bei der *Funkausstellung in Berlin. Stefanie Simon* wurde von *Jürgen Marcus* produziert. Bei einer Funksendung im RIAS-Berlin lernen die beiden sich kennen und sind seitdem ein musikalisches Paar. Neben eigenen Liedern wie *„Schöne Grüße"* oder *„Mitten ins Herz"* singt *Steffi* bei ihren Auftritten auch Lieder von *Claire Waldoff*, und *Bert* parodiert bekannte Stars, wie z.B. *Johannes Heesters, Zarah Leander, Theo Lingen* u.a. Der Volksmusik-Produzent *Marc Alpina* produziert *Steffi und Bert* sowohl solistisch als auch als Duo. Sie sind oft zu Gast in der *„Schlagerparade der Volksmusik"*.

Kontaktadresse:
Andrea Jung Entertainment
Postfach 26 04
24025 Kiel

Steiner, Peter

wird am 6. September 1927 in München als Sohn einer Familie geboren, deren Vorfahren aus Ungarn kommen. Der Vater spielt und singt volkstümliche Weisen, die Mutter ist Schauspielerin. So beginnt der Sohn als Laiendarsteller und wird während des Zweiten Weltkrieges zum Fronttheater abkommandiert.

In den ersten Nachkriegsjahren nimmt St. Schauspielunterricht an der renommierten Falckenbergschule in München, die er mit Auszeichnung beendet. Neben so bekannten Münchner Originalen wie *Ferdl Weiß, Michl Lang* und *Erni Singerl* spielt St. sich an der bekannten Volksbühne, dem *„Platzl“*, in die Herzen der Menschen. Man sieht ihn in mehreren Spielfilmen, im *„Komödienstadl“* und in der Erfolgsserie *„Königlich Bayerisches Amtsgericht“*. Als sich St. 1983 den langgehegten Wunsch erfüllen kann und im Münchner Stadtteil Giesing seinen eigenen *„Theater-Stadl“* eröffnet, in dem das *Steiner*-Ensemble ganzjährig von Mittwoch bis Sonntag komödiantisches Volkstheater präsentiert, werden St. und seine Truppe zu einer TV-Attraktion. Das Theater ist ständig ausverkauft, das private Fernsehen überträgt seine Stücke für Millionen Zuschauer, und in der Volksmusiksendung *„Heimat-Melodie“* präsentieren St. und seine Tochter *Gerda* Publikumslieblinge.

Gerda St. tritt bereits als 15jährige in die Fußstapfen des Vaters und hat auf der Bühne, bei Tourneen und im Fernsehen längst ihren festen Platz.

Kontaktadresse:
Spieljochstraße 30
81825 München

Peter Steiner mit Tochter Gerda

Stoakogler Trio

Die Gruppe wird 1968 von den drei Brüdern *Fritz, Hans* und *Reinhold Willingshofer* gegründet. Überregional wird sie bekannt durch Stimmungslieder wie *„Happy Love in Styria“* oder *„Heyo, die Stoanis kommen“*. Erfolgreich ist auch eine Volksmusikversion des Pop-Klassikers *„Looking for freedom“*, die die singenden Brüder in *„Looking für Freibier“* umtexten. Der bislang größte Erfolg für das Trio ist 1993 die Teilnahme am *„Grand Prix der Volksmusik“* mit dem Titel *„Steirerman san very good“* aus der Feder von *Hanneliese Kreißl-Wurth*, der zu einer Hymne für die steirischen Musiker wird.

Kontaktadresse:
Fritz Willingshofer
Mitterbach 9
A-8616 Gasen

Storz, Erich

wird am 11. Dezember 1927 in Rotenburg an der Fulda geboren. Als Interpret hat er 1957 seinen größten Erfolg mit dem Lied *„Köhlerliesel"*, das er auch geschrieben hat. Berühmt wird S. vor allem als Musikverleger, der besonders echten Volksmusikgruppen eine Chance gibt. Sein bekanntestes Lied schreibt er 1957. *„Die kleine Bimmelbahn"* wird in fast allen Sprachen der Welt, auch in Chinesisch, aufgenommen.

Kontaktadresse:
Hauptstr. 114
37506 Osterode/ Harz

Struwwelpeter-Sextett

Die Gruppe aus dem fränkischen Schweinfurt wird Mitte der 80er Jahre von *Bernd Wehner* und fünf weiteren Musikern gegründet. Das Sextett hat schon bald als Tourneeband („*Lustige Musikanten*“ oder „*Stars der Volksmusik*“) einen wohlklingenden Namen. Künstler wie *Marianne & Michael* oder *Judith & Mel* reisen gern mit ihnen zu ihren Fans in Stadt und Land. Außerdem ist das Sextett bekannt als Showband, die zum Beispiel alljährlich beim Oktoberfest in *Käfers*-Wiesenschenke aufspielt.

Kontaktadresse:
Bernd Wehner
Schleisweg 6
97520 Rothlein

Temerson, Tomy

wird am 4. Januar 1973 in Hanau geboren. Sein Vater, der selbst Gitarre spielt, weckt das Interesse des kleinen *Tomy* für die Zither. Eine Zitherlehrerin bringt ihm das Musizieren bei, das er an der Bundesakademie für musikalische Jugendbildung in Trossingen verfeinert. Nach einem Sieg beim Wettbewerb *„Jugend musiziert"* beginnt seine Karriere. 1991 lädt *Karl Moik* ihn in die Sendung *„Wie die Alten sungen"* ein. *Ralph Siegel* nimmt ihn unter Vertrag und produziert mit ihm Titel wie *„Almrausch"*, mit dem T. 1993 beim *„Grand Prix der Volksmusik"* antritt. Trotz der musikalischen Erfolge macht er eine Ausbildung zum Kommunikationselektroniker. Weitere Plattenerfolge von T. sind *„Der Wetterfrosch"* oder *„Der dritte Mann"*, mit dem er 1994 die *„Hitparade der Volksmusik"* bei *Carolin Reiber* gewinnt.

Kontaktadresse:
Künstlermedia
Heinrich-Kahn-Str. 27
89150 Laichingen

Tiroler Echo

Die Gruppe wird 1978 von *Luis Plattner* in Thaur im österreichischen Bundesland Tirol gegründet. Durch die Kombination von Steirischer Harmonika, Akkordeon, Gitarre, Bariton, E-Baß und Synthesizer-Baß entwickelt die Gruppe einen unverwechselbaren eigenen Klang. Der Durchbruch für die Gruppe kommt 1987, als sie im *„Musikantenstadl"* auftreten. Ihre Produktionen werden mehrfach mit Goldenen Schallplatten ausgezeichnet. Ihr bislang größter Erfolg ist der Titel *„Die Sterne am Himmel"*.

Kontaktadresse:
Louis Plattner
Stollenstr. 13
A-6065 Thaur

Torriani, Vico

wird am 21. September 1920 in Genf geboren. Er wächst in der heilen Welt des berühmten Schweizer Kurortes St. Moritz auf, weil sein Vater dort als Reit- und Skilehrer tätig ist. Dort beginnt er nach der Schule eine Lehre als Konditor, Kellner und Koch.

Mit 19 wird Vico zum Militär eingezogen. Dort lernt er in seiner Freizeit, Gitarre und Akkordeon zu spielen. Mit den volkstümlichen Liedern seiner Heimat begeistert er nicht nur die Kameraden.

Als T. 1946 im *„Rothus"* in Zürich einen Sängerwettbewerb gewinnt, folgen erste Engagements bei den Rundfunkanstalten in Zürich und Basel. Seinen ersten großen Erfolg kann er mit dem Titel *„Addio Donna Gracia"* feiern. Denn damit erobert er auch die Zuhörer in der Bundesrepublik. Als er in zahlreichen Musikfilmen (*„Straßenserenade"*, 1953) singt, tanzt und spielt, feiern seine Fans ihn auch als Schauspieler. *„Grüezi, Vico"* ist der Titel seiner ersten Fernsehshow, die 1959 über den Bildschirm läuft. Dann ist er zehn Jahre lang Gastgeber in der TV-Serie *„Hotel Victoria"*. Als der sympathische Schweizer 1967 als Nachfolger des holländischen Showmasters *Lou van Burg* mit dem *„Goldenen Schuß"* beim ZDF ins Schwarze trifft, gehört er zu den absoluten Publikumslieblingen. Die Menschen besuchen seine Theater-Tourneen und Konzerte.

Seine Liebe gehört aber weiterhin dem volkstümlichen Schlager. Seine *„Capri-*

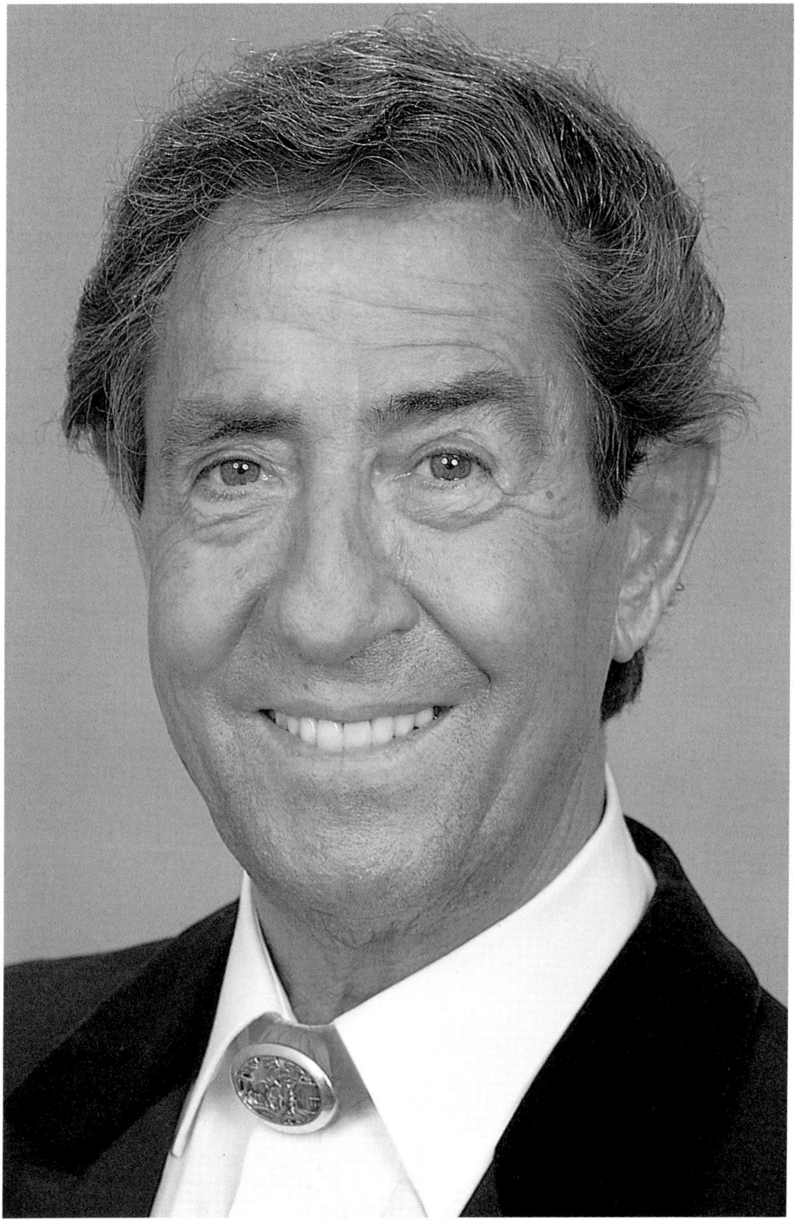

fischer“ (1981) und „*La Pastorella*“ werden Evergreens. Privat liebt der Verfasser ausgezeichneter Kochbücher das Skifahren und Segeln. Die „*Hermann-Löns-Medaille*“, das „*Goldene Mikrofon*“, das „*Edelweiß*“, der Medienpreis „*Bambi*“ (1995) und viele andere Auszeichnungen schmücken sein schönes Zuhause in Lugano.

T. ist seit 1951 mit Frau *Evelyne* verheiratet und hat zwei (verheiratete) Kinder: Tochter *Niccole* und Sohn *Reto*.

Kontaktadresse:
Sekretariat
CH-6982 Agno-Lugano

Traeger, Brigitte

wird am 25. April 1973 in Waldkirchen in der Oberpfalz geboren. Im Teenager-Alter tritt sie bereits als Alleinunterhalterin auf. 1990 wird T. von *Dieter Thomas Heck* entdeckt, der ihren Titel *„Jetzt sing i"* bei einem Nachwuchswettbewerb des Bayerischen Rundfunks vorstellt. Ihr größter Erfolg ist 1995 der Sieg bei der *Schlagerparade der Volksmusik* in der ARD.

Kontaktadresse:
Bogner-Records
Postfach 129
83697 Rottach-Egern

Trenkwalder, Die

Das Ensemble wird Ende der 80er Jahre in Wildermieming in Tirol unter dem Namen *„Alpl Buam“* gegründet. *Hubert Trenkwalder*, *Michael Jäger* und *Franz Pöschl* verdienen sich mit Auftritten ihre erste Anlage und gewinnen ein Jahr später einen volkstümlichen Tiroler Talentwettbewerb.
Produzent *Robert Hochstaffl* nimmt mit der Gruppe *„Null Problemo“* auf. Die LP und der Titelsong werden zu einem Hit in Österreich. *Karl Moik* engagiert die Gruppe daraufhin in seinen *„Musikantenstadl“*.
Überregional werden sie bekannt, als Anfang der 90er Jahre in ihrer Heimatgemeinde die SAT. 1-Serie *„Der Bergdoktor“* gedreht wird. Die *„Alpl-Buam“*, die sich inzwischen in *„Trenkwalder“* umgetauft haben, singen den Titelsong der Serie *„Komm mit nach Sonnenstein“*. Zur ursprünglichen Besetzung sind inzwischen *Ginger Wild* und *Hansjörg Hafele* dazugekommen.

Kontaktadresse:
Künstlermedia
Heinrich-Kahn-Str. 27
89150 Laichingen

Truck Stop

das sind *Knut Bewersdorf,* (Sänger, Steel-Guitar), *Erich Doll* (Gitarrist, Banjo-Spieler), *Cisco Berndt* (Sänger, Gitarrist), *Uwe Lost* (Bassist), *Lucius Reichling* (Sänger, Geiger) und *Teddy Ibing* (Schlagzeuger).
Die Gruppe wird 1972 gegründet. *„Truck Stop"* heißt auch ihre erste LP, die von *Joe Menke* im *„Studio Maschen"* in englischer Sprache produziert wird. Sie wird ein Hit. Die „Elbe-Cowboys" können ihren Super-Erfolg nicht fassen. Sogar Bundeskanzler *Helmut Schmidt* lädt sie zum Kanzlerfest. 1976 die Krise. Die Erfolge bleiben aus. Die Musiker starten einen letzten Versuch mit ihrer ersten deutschsprachigen LP und landen gleich zwei neue Hits: *„Ich möcht so gern Dave Dudley hör'n"* und *„Die Frau mit dem Gurt"*. Beim *„Grand Prix"* belegen sie 1979 mit dem Titel *„Take it easy, altes Haus"* den zweiten Platz.
Sie werden Stammgast in den volkstümlichen Hitparaden, und ihre Tourneen sind gefragt wie nie zuvor. 1993 feiern die Musiker von der Elbe ihr 20jähriges Jubiläum.

Kontaktadresse:
BMG Ariola
Hörselberstraße 5
81677 München

Viellechner, Sepp

wird am 14. Januar 1935 in Kirchseeon als *Werner Viellechner* geboren. Nach der Zimmerer-Lehre studiert er am *Trapp-Konservatorium* in München. 1959 nimmt er seine erste Platte mit traditionellen Volksliedern auf. Durch seine klassische Ausbildung als lyrischer Tenor bekommt der Volksmusikant V. schnell den Beinamen *„Caruso der Berge“*. Bis heute hat er mehr als 600 Lieder aufgenommen. Eines seiner schönsten ist *„Kaum schau i auf d' Uhr“* aus dem *„Grand Prix der Volksmusik“* 1989, bei dem er den Sprechgesang von *Maxl Graf* mit seiner Jodelstimme begleitet. 1993 ist er mit dem Titel *„Ein Bajuware kennt keinen Streß“* erneut im *Grand Prix* vertreten.

Kontaktadresse:
Enzianstr. 11 a
85591 Vaterstetten

Vreni & Rudi

Vreni wird am 16. Juni 1955 in der Schweiz geboren, *Rudi* am 20. März 1954 im österreichischen Bundesland Tirol. *Vreni* arbeitet nach der Schule zunächst als Verkäuferin und im Service, *Rudi* ist gelernter Automechaniker, besucht aber drei Jahre lang die Musikschule.
Vreni & Rudi werden im Privatleben wie auch auf der Bühne ein Paar. *Rudi Margreiter* ist heute ein gefragter Autor und schreibt zum Beispiel für *Géraldine Olivier* ihren *Grand Prix*-Siegertitel *„Nimm Dir wieder einmal Zeit"*. Mehrfach vertreten *Vreni & Rudi* die Schweiz im *„Grand Prix der Volksmusik"*. Mit ihren bekanntesten Titeln wie *„Ein liebes Wort"* und *„Unser Bernhardiner"* verfehlen sie jeweils nur knapp den *Grand Prix*-Sieg um wenige Punkte. Auch als Moderatoren sind *Vreni & Rudi* erfolgreich. Sie moderieren zum Beispiel für SAT. 1 *„Das große Wunschkonzert"*.
Weitere Erfolgstitel sind *„Glücklich und Z'frieden"* oder *„Milch und Brot"*.

Kontaktadresse:
Mounty Music
Postfach
CH-8308 Illnau

Westfälischen Nachtigall'n, Die

Der Chor wird 1948 von *Dietmar Hahn* als gemischter Chor unter dem Namen *„Ahlener Kinderchor"* gegründet. Nachdem immer wieder Jungen durch den Stimmbruch ausscheiden, entwickelt sich der Chor zu einem reinen Mädchenchor. 1957 tauft ein Zeitungskritiker die Sängerinnen in *„Westfälische Nachtigall'n"* um. Dieser Name wird vom Chor übernommen. Der ersten Plattenaufnahme 1959 folgt der erste Fernsehauftritt in der *„Peter-Frankenfeld-Show"* 1963. In den Jahren danach nehmen sie immer wieder Platten mit bekannten Stars auf, so zum Beispiel mit *Heino* und *Vicky Leandros*. Erfolgreichster Titel ist das Lied *„Ach, ich hab' in meinem Herzen"* mit Kammersänger *Heinz Hoppe*.
1990 übernimmt *Reiner Jenkel* den Chor und modernisiert sowohl Repertoire als auch das Erscheinungsbild.

Kontaktadresse:
Reiner Jenkel
Rittmeiers Hof 1
59227 Aalen

Wewel, Günter

wird am 29. November 1934 in Arnsberg im Sauerland geboren. Nach der Schule beginnt er eine Inspektorenlaufbahn bei der Deutschen Bundesbahn. Dann wechselt der junge Mann an die *Hochschule für Musik* in Dortmund und absolviert dort eine Opernausbildung. Sein wohlklingender tiefer Baß (vier Töne unter dem tiefen C) sichert dem Jungstar schon bald einen festen Platz am leuchtenden Opernhimmel. Er hat 80 Opernpartien studiert und auf der Bühne erarbeitet. Sein Können, gepaart mit seinem Fleiß und seiner ausdrücklichen Bescheidenheit, machen den sympathischen Sauerländer, der immer noch im Haus seiner Eltern wohnt, zum Publikumsliebling.

Seit 1989 präsentiert W. eine der erfolgreichen volkstümlichen Fernsehsendungen: *„Kein schöner Land“*, zu der W. 1995 ein Begleitbuch herausgibt, das den gleichen Titel trägt.

Im März 1989 erhält W. die Auszeichnung *„Kammersänger“*.

Im Oktober 1992 wird W. mit dem *Bundesverdienstkreuz* augezeichnet.

W. ist seit 1960 mit Frau *Gisela* verheiratet.

Kontaktadresse:
Grafenstraße 63
59821 Arnsberg

White, Jack

wird als *Horst Nußbaum* am 2. September 1940 in Köln geboren. Er läßt sich zum Groß- und Außenhandelsfachmann ausbilden und studiert deswegen Englisch, Italienisch - und später Holländisch. Und das hat seinen guten Grund: Von Fußballzauberer *Hennes Weisweiler* entdeckt, wird N. Profi beim Fußballklub Eindhoven. Dann gibt es wieder einen Szenenwechsel: Der gefeierte Fußballstar wird einer der erfolgreichsten Produzenten der deutschen (und später) internationalen Schlagerszene. Er bringt *Tony Marshall* („*Schöne Maid*") zum Erfolg und produziert zahlreiche Künstler (u.a. *Hansi Hinterseer, Laura Brannigan, Audrey Landers, Engelbert* u.a.).

Der Sänger, Texter, Komponist, Produzent und Buchautor („*Die schönsten Hotels der Welt*") ist mit Frau *Janine* verheiratet.

Kontaktadresse:
Jack White Produktion
Büro 132
Arabellastraße 5
81925 München

Widemair, Walter

wird am 22. Juni 1958 im österreichischen Lienz geboren. Über die Gruppe *„Dolomitensextett Lienz"*, bei der er auch den heutigen *Kastelruther-Spatzen*-Produzent *Toni Kellner* kennenlernt, bekommt er Kontakt zu Plattenfirmen. Heute ist W. als Arrangeur und kreativer Kopf für viele Volksmusikgruppen und Interpreten wie *Vico Torriani* tätig, unter anderem für die *Kastelruther Spatzen*.

Kontaktadresse:
Tonstudio II
Dornachstr. 2
A-9990 Nussdorf/ Debant

Wiedl, Angela

wird 1969 in München als Tochter einer besonders musikalischen Familie geboren. Mutter und Vater sind ein in Bayern bekanntes Jodler-Duo und Bruder *Wilhelm* ausgebildeter Operettensänger. Das waschechte „Münchner Dirndl“ ist gerade zwölf, als der Vater ihr das Jodeln beibringt.

Seit 1980 tritt sie öffentlich auf. Mal mit den „*Original Chiemgauer Buam*“, mal mit der „*Wasserburger Stadtkapelle*“. Nach großen Auslands-Tourneen gewinnt sie im April 1990 einen Wettbewerb der Münchner Boulevardzeitung „*Tz*“: „*Mei Madl wird a Plattenstar*“. Mit ihrer Single „*La storia della Montagna*“ gelingt ihr der Sprung in alle wichtigen volkstümlichen Fernsehsendungen. Und sie gewinnt alle wichtigen Preise: „*Goldene Stimmgabel*“, das „*Goldene WAZ-Mikrofon*“, die „*Hermann-Löns-Medaille*“ und das „*Edelweiß*“.

Ihren großen Erfolg verdankt W. dem Erfolgskomponisten *Ralph Siegel*, der sie 1996 mit dem Titel „*Echos*“ in die Vorentscheidung des „*Grand Prix d'Eurovision*“ schickt.

Seit 1995 ist sie mit dem Kaufmann *Walter* verheiratet.

Kontaktadresse:
Jupiter Records
Höchlstraße 2
81675 München

Wildecker Herzbuben, Die

Wilfried Gliem wird am 19. September 1946 in Obersuhl geboren, *Wolfgang Schwalm* am 16. August 1954 in Görzhain. G. studiert Betriebswirtschaftslehre, arbeitet später als Kaufmann für eine bekannte Versicherung. Sch. wird Elektriker und ist zunächst als Abteilungsleiter in einem Großhandelsunternehmen beschäftigt. So verschieden die beruflichen Wege der beiden auch sind, verbindet sie jedoch eins: Die Liebe zur Musik. Während G. sich daran erinnert, daß er mit seinen Gesangsauftritten schon in frühen Jahren seine Verwandtschaft begeistert, erzählt Sch. stolz davon, daß er schon als Vierjähriger in *Peter Frankenfelds* TV-Sendung *„Circus Cherbelino"* als Trompeter aufgetreten ist. Die beiden Vollblutmusiker spielen bei den *„Curocas"*, der festen Begleitband des Sängers *G.G. Anderson*.

Als *G.G. Anderson* im Berliner Musikverlag *„Hansa"* den Titel *„Herzilein"* entdeckt, beschließt er, diesen Titel für seine beiden Freunde zu produzieren. Der sensationelle Erfolg der *„Wildecker Herzbuben"* verändert das Leben der drei über Nacht: Die volkstümliche Szene hat ein neues Super-Duo und *G.G. Anderson* (vorübergehend) keine Begleitband mehr.

G. ist mit der blonden *Elke* verheiratet und hat drei Töchter: *Elisabeth, Christine, Johanna* und Sohn *Uwe.*

Sch. ist mit der brünetten *Marita* verheiratet und hat zwei Töchter: *Melanie, Andrea* und den Sohn *Marcus.*

Kontaktadresse:
36208 Wildeck-Hönebach

Willmann, Willy

wird am 19. Juni 1959 in Freiburg geboren. Bekannt wird er vor allem als Mann hinter den Kulissen, der als Autor und Produzent für *Hansl Krönauer, Teddy Parker* und *Patrizius* tätig ist. Für *Edward Simoni* komponiert er unter anderem den Erfolgstitel *„Wenn der Tag erwacht"*. Sein größter Erfolg als Interpret ist 1992 der Sieg in der *ZDF-Hitparade der Volksmusik* mit der *„Chili-Polka"*.

Kontaktadresse:
Koch International
Hermann-Schmid-Str. 10
80336 München

Zackels, Die 3

Die Harzer Folkloregruppe wird 1985 von *Peter Heyland, Werner Sturm* und *Klaus Wismann* gegründet. Das fröhliche Trio, das hauptsächlich norddeutsche Folklore präsentiert, wird durch Fernsehauftritte, zum Beispiel bei *Carolin Reiber*, bundesweit bekannt.

Kontaktadresse:
Peter Heyland
Bohlweg 7
38678 Clausthal-Zellerfeld

Zankl, Max

wird am 13. Januar 1944 in Bayern geboren. 1973 wird er von dem unvergessenen bayerischen Volksschauspieler *Ludwig Schmidt-Wildy* entdeckt. Erste Auftritte hat er bei der *Inntaler Bauernbühne*. Als jodelnder Moderator ist er mit dem *„Bayerischen Musikstadl“* unterwegs.

Kontaktadresse:
Rosenheimer Str. 2
83109 Großkarolinenfeld

Zellberg Duo mit Doris

1973 gegründet von *Andreas Eberharter* und *Friedl Fankhauser* im Zillertal. 1980 kommt die Sängerin *Doris Fankhauser* hinzu. In ihren Liedern *„Ein Edelweiß wachst nie im Tal"* oder *„Mei Heimat ist im Zillertal"* beschreibt sie die Schönheit ihrer Heimat im Zillertal.

Kontaktadresse:
Friedl Fankhauser
Förstersteig 237
A-6290 Mayrhofen

Zillertaler, Die

Die Gruppe wird Mitte der 70er Jahre als *„Zillertaler Jodlertrio"* in Strass gegründet. Der Erfolg für *Florian* und *Werner Prantl* sowie für den dritten Zillertaler *Toni Ringler* kommt mit volkstümlichen Schlagern wie *„I hab' an Engerl g'sehn"*. 1992 belegen die Zillertaler, die das Wort „Jodlertrio" aus ihrem Namen gestrichen haben, beim *„Grand Prix der Volksmusik"* Platz 2 mit ihrem Lied *„Du bist so a lieber Kerl"*. 1994 wird die Gruppe um *Erwin Schiestl* erweitert. Akkordeonist *Werner Prantl* ist übrigens ein erfolgreicher Rennrodler.

Kontaktadresse:
Toni Ringler
Starss 139
A-6261 Strass im Zillertal, Tirol

Zillertaler Gipfelstürmer

1983 gründen der Hotelkaufmann *Ernst Michael Erlebach* (Jahrgang 1963) und der Beamte *Alexander Holub* (Jahrgang 1960) die *„Zillertaler Gipfelstürmer"*. Beide hatten vorher in verschiedenen Gruppen im Zillertal erste Erfahrungen gesammelt. Ihre Lieder aus Produktionen wie *„Berge der Heimat"*, *„Drunter und drüber"* oder *„Stad' is word'n"* präsentieren sie bei zahlreichen Tourneen, zum Beispiel 1990 auf einer Gastspielreise durch Japan. Ihr bislang größter Erfolg ist 1993 die Teilnahme am *„Grand Prix der Volksmusik"* mit dem Titel *„A Liadl für Di"*.

Zillertaler, Original

Die Erfolgsgruppe aus dem Zillertal wird 1972 von *Franz Rainer* gegründet und ist damit eine der ältesten Formationen, die die Bezeichnung *„Zillertaler"* im Namen trägt. Seit 1972 sind mehr als ein Dutzend Platten des Quintetts erschienen. Größter Erfolg ist die Teilnahme am *„Grand Prix der Volksmusik"* 1972 mit dem Titel *„Willst Du mein Schatz sein?"*.

Kontaktadresse:
Franz Rainer
A-6271 Uderns 62

Angerer, Elisabeth

wird am 10. Juni 1955 in der berühmten Festspielstadt Bayreuth geboren. Nach dem Schulabschluß gelingt ihr gleich der Einstieg in die Tonträgerbranche. Sechs Jahre lang arbeitet sie in verschiedenen Bereichen der Firma *east west records*.
Dann wechselt sie zu *BMG Ariola* (Vertrieb, Low-Price-Bereich und Produkt) und zeichnet seit 1989 verantwortlich als Produktmanagerin für Volksmusik und Schlager.

Kontaktadresse:
BMG Ariola
Hörselbergstraße 5
81677 München

Hans R. Beierlein

gilt als Vater der Volksmusik in Deutschland. Im *Montana Musikverlag* sind mehrere tausend Hits verlegt. B. ist außerdem Erfinder und Initiator vom *„Grand Prix der Volksmusik“*. *Montana* und die angeschlossene Firma *„medientelegramm“* managt außerdem Künstler wie *Stefanie Hertel, Stefan Mross, die Jungen Klostertaler*. Zum *Montana*-Imperium gehören auch die Titel der *Zillertaler Schürzenjäger*.

Edition Montana
Hans R. Beierlein
Königinstraße 121
80802 München

Laubrunn, Klaus

Kontaktadresse:
Fritz-Reuter-Straße 16
25451 Quickborn

wird am 19. Mai in Lünen in Westfalen geboren. Er absolviert bei der „Westfälischen Rundschau“ in Dortmund eine Ausbildung zum Zeitungsredakteur. Die nächsten Stationen sind: Pressereferent für Pop und Klassik bei *Teldec* (heute *eastwest records*) in Hamburg, Wort- und Musikproduzent bei *Electrola* in Köln, Chefredakteur beim *Bauer-Verla*g in Hamburg.
Ab 1971 baut er an der Elbe die Musikproduktion für die *BASF* (mit *Freddy Breck, Cindy & Bert, Robert Stolz* etc.) auf, deren Aktivitäten seit 1976 von der *Fonoteam GmbH* fortgeführt werden mit L. als Geschäftsführendem Gesellschafter.
L. ist an zahlreichen TV-Produktionen mit den Schwerpunkten Oper und Operette beteiligt. Als Geschäftsführer der *Teleteam GmbH* (*„Lieder so schön wie der Norden“, „Bi uns to Hus“, die norddeutsche Hitparade „Freut Euch des Nordens“* und *„Ohnsorg-Treff“*) ist L. seit 1989 einer der erfolgreichsten deutschen TV-Produzenten.

Münch, Heidemarie

wird am 9. Februar 1944 in Erhorn, in der Lüneburger Heide, geboren. Die erfahrene PR-und Presse-Lady ist zu Beginn ihrer nun schon 28jährigen Karriere ein Branchen-Fremdling. Sie beginnt ihren Berufsweg in Hamburg, nämlich als staatliche geprüfte Wirtschaftsleiterin.

M. von ihren Freunden *„Heidi“* genannt, kommt 1967 zur *Teldec* (heute *eastwest records*) über das Klassik-Ressort (*Pavarotti*) und die Abteilung Pop in die PR-Abteilung. Sie hat für *Mick Jagger* von den *„Rolling Stones“* ebenso hart gearbeitet wie für die Stars der Volksmusik, denen sie seit Jahren als Freundin und Beraterin freundschaftlich verbunden ist: *Heino, Stefanie Hertel, „Speelwark“, „Die Jungen Klostertaler“, Willi Seitz*, den *„Mühlenhof-Musikanten“* und vielen anderen.

Kontaktadresse:
east west records
Heußweg 25
20255 Hamburg

Nold, Herbert

geboren am 3. April 1940 in Rastatt, ist Kriminalbeamter, als er 1969 von *Tony Marshall* als Manager verpflichtet wird. Heute betreut der Künstlermanager, Produzent und Musikverleger neben *Tony Marshall* auch den Panflötenspieler *Edward Simoni*, den Pianisten Prof. *Martin Dombrowski*, Startrompeter *Walter Scholz*, den *Marinechor der Schwarzmeerflotte* und das *Moskauer Staatsensemble*.
Als Produzent und Musikverleger ist er mit über 40 Gold- und Platin-Schallplatten ausgezeichnet worden.

Kontaktadresse:
Kanalstraße 7
76437 Rastatt

Selb, Franz

geboren am 1. März 1959 in Breitenwang, wächst im schönen Lechtal auf und startet nach dem Schulabschluß in der Wertpapierabteilung einer renommierten österreichischen Bank.
1983 wechselt S. als Außendienstmitarbeiter zu *Koch*, um die Einzelhandelskunden im Raum Salzburg und Oberösterreich zu betreuen. Zwei Jahre später kommt Bayern hinzu.
Ab 1986 baut S. die A & R-Abteilung des Stammhauses in Elbigenalp auf, um wieder zwei Jahre später nach München zu wechseln, wo Firmengründer *Franz Koch* am 1. März 1988 eine Tochtergesellschaft etabliert.
S. ist der Mann der ersten Stunde. Heute hören in der Hermann-Schmid-Straße in München 40 Mitarbeiter auf sein Kommando.
Der stellvertretende Gesellschafter von *Koch International* produziert im volkstümlichen Bereich u.a. *„Brunner & Brunner“*, das Heimat-Duo *„Judith & Mel“*, *Vico Torriani*, *Slavko Avesnik und seine Original Oberkrainer*, die *Zillertaler*, die *Paldauer*.

Kontaktadresse:
Koch International
Hermann-Schmid-Straße 10
80336 München

Zahradnik, Andy

geboren am 7. August 1958 in Wien, geht nach einer kaufmännischen Lehre 1973 zu *CBS* (heute *Sony Music*) in Wien, wo er 1979 Manager International für A. & R. (Artist und Repertoire) wird. 1983 übernimmt Z. auch den lokalen Pop-Bereich. Zwei Jahre später kommt der volkstümliche Musiksektor hinzu. 1994 geht Z. als Label-Manager für *„Herzklang“* als Nachfolger von *Uwe Kanthack* zu *Sony Music* nach Frankfurt. Er ist der Ansprechpartner für so namhafte Künstler wie *Edward Simoni, Frank Schöbel, Andreas Martin, Stefan Moll* u.a.

Kontaktadresse:
Sony Music
Entertainment GmbH
Stephanstr. 15
60313 Frankfurt

Eine Auswahl an Kontaktadressen für Volksmusikanten:

Pallas-Concert & Gastspiel GmbH
Peter Buchmann
Glockenstraße 11
91166 Georgensgmünd
Telefon: 09172/ 6977-0
Telefax: 09172/ 6977-70

Peter Buchmann ist der wichtigste Tourneeveranstalter für Volksmusik und Schlager in Deutschland. Zu seinen Produktionen gehören die *„Lustigen Musikanten"*, der *„Musikantenstadl"*, die *„Könige der Volksmusik"*, *„Weihnachten mit Dir"* und ein Dutzend weitere Tourneen. *Pallas-Concert* ist außerdem Veranstalter der Tourneen mit den *Kastelruther Spatzen* und der erfolgreichen Open-Airs der Volksmusik.

Wöste-Concert und Gastspiel GmbH
Reinhold Wöste
Lindenstraße 15
49832 Freren
Telefon: 05902-5982
Telefax: 05902-1331

Reinhold Wöste veranstaltet seit 1994 die erfolgreichen Tourneen *„Stars der Volksmusik"* und *„Starparade der Volksmusik"*, unter anderem mit *Ramona Leiß*, den *Wildecker Herzbuben* und dem Heimat-Duo *Judith & Mel.*

Süd-West Starparade
Peter Feller
Taunusstraße 11
63853 Mömlingen
Telefon: 06022-31008
Telefax: 06022-3326

Peter Feller veranstaltet seit vielen Jahren die Tournee *„Lieder, die von Herzen kommen"*, unter anderem mit *Gitti & Erica*. In den vergangenen Jahren waren fast alle Stars der Volksmusik mit dieser Tournee unterwegs, zum Beispiel das *Medium Terzett, Kristina Bach, Stefan Mross, Nella Martinetti* oder *Andy Borg*.

Künstlermedia GmbH
Werner Kirsamer
Heinrich-Kahn-Straße 27
89150 Laichingen
Telefon: 07333/ 9670-0
Telefax: 07333/ 9670-30

Werner Kirsamer veranstaltet seit fünf Jahren die Erfolgstournee *„Alpenländische Weihnacht"*, bei der unter anderem *Vico Torriani, Maria & Margot Hellwig*, die *Wildecker Herzbuben*, *Angela Wiedl* oder *Elmar Gunsch* auftreten. Außerdem ist *Künstlermedia* die führende Volksmusik-Agentur in Deutschland. Stars wie *Marianne & Michael, Patrick Lindner, Angela Wiedl*, die *Geschwister Hofmann, Gaby Albrecht, die Bayrische 7, die Schäfer* oder *Otti Bauer und sein Musikanten Express* sind hier exclusiv unter Vertrag.

Die wichtigsten volkstümlichen Musiksendungen und ihre Sender:

Musikantenstadl
Bayerischer Rundfunk (BR)
80300 München
Telefon: 089 - 38 06 02

Volkstümliche Hitparade
Super-Hitparade der Volksmusik
Grand Prix der Volksmusik
Lustige Musikanten
Zweites Deutsches Fernsehen (ZDF)
Postfach 4040
55100 Mainz
Tel.: 06131- 70 21 61-4

„Freut Euch des Nordens“
„Bi uns to Hus“
Die Norddeutsche Hitparade
„Lieder so schön wie der Norden“
Norddeutscher Rundfunk (NDR)
Gazellenkamp 57
22529 Hamburg
Tel.: 040 - 415 60

Kein schöner Land
Saarländischer Rundfunk (SR)
Postfach 1050
66100 Saarbrücken
Tel.: 0681 - 60 20

Schlagerparade der Volksmusik
Südwestfunk (SFB)
76522 Baden-Baden
Tel.: 07221 - 92-0

Wernesgrüner Musikantenschenke
Achim's Hitparade
Mitteldeutscher Rundfunk (mdr)
Kantstraße 71-73
04275 Leipzig
Tel.: 0341 - 300 62 91

Heimatklänge
Westdeutscher Rundfunk (WDR)
Appellhofplatz 1
50667 Köln
Tel.: 0221 - 22 01

Steiner's Musikanten-Parade
SAT.1
Martin-Luther-Straße 1
10777 Berlin
Tel.: 0138 - 38 38

Tonträgerfirmen mit großem volkstümlichem Repertoire:

BMG Ariola Media GmbH
Hörselbergstraße 5
81677 München

Bellaphon Records GmbH
Mainzer Landstraße 87-89
60329 Frankfurt/Main

Deutsche Grammophon GmbH
Alte Rabenstraße 2
20148 Hamburg

east west records
Heußweg 25
20255 Hamburg

EMI Electrola GmbH
Maarweg 149
50773 Köln

Jupiter Records
Höchlstraße 2
81675 München

Karussell
Holzdamm 57 - 61
20099 Hamburg

Koch International GmbH
Hermann-Schmid-Straße 10
80336 München

Metronome Musik GmbH
Glockengießerwall 3
20095 Hamburg

Polydor GmbH
Glockengießerwall 3
20095 Hamburg

Sony Music Entertainment
Stephanstraße 15
60313 Frankfurt/Main

Wolfram Jürgen Mehl

Jahrgang 1941, arbeitet seit über 30 Jahren als selbständiger Fotograf. In seinem Archiv befinden sich weit über eine Million Original-Dias (6 x 6 + KB) mit den wichtigsten Künstlern aus den Bereichen Film, Fernsehen und Showbiz. Seit Anfang der 80er liegt sein Schwerpunkt bei der immer größer werdenden volkstümlichen Musik-Szene. Die meisten der in diesem Lexikon veröffentlichten Aufnahmen sind von Wolfram J. Mehl.

Kontaktadresse:
Hauptstr. 12
24793 Brammer
Tel: 0 43 92 - 36 60

Arminia: Annett & Birgit Patzschke, Erich Storz / **Bogner Records:** Brigitte Traeger / **da music:** Georg Moslehner / **east west records:** Heidemarie Münch / **Esperanza-Musikverlag:** Freddy Quinn / **F. Fagner:** Mariella / **HMC music coach-Reinhard Zichy:** Maria Mathis / **Koch International:** Dolomiten Sextett Lienz, Pepe Solera, Joshi Shalay / **Koch International-JAT-Photo:** Norman Sanders, Willy Willmann / **MDR-Kowalski:** Carmen Nebel / **NDR Radio Niedersachsen:** Michael Thürnau / **Christian Pantel:** Eva Herman / **Pilz Music:** Robert Jung / **Polydor:** Alfons Bauer / **Privatfotos:** Alex & Micha, Alpensextett Terenten, Hamburger Alsterspatzen, Elisabeth Angerer, Karin Bachmann, Claus Backhaus, Bert Beel, Drei Zakkels, Eikenholt, Gustl Gstettner, Christa Haas, Harzer Rotkehlchen, Jenny & Jonny, Fiede Kay, Toni Kellner, Piet Knarren, Hanneliese Kreißl-Wurth, Klaus Laubrunn, Lissi, Fiete Münzner, Herbert Nold, Obervellacher Buam, Ostfriesische Jungs, Franz Selb, Die Schilcher, Peter Schünemann, Schwarzwälder Stockmihli Musikanten, Steffi & Bert, Die Westfälischen Nachtigallen, Walter Widemair, Andy Zahradnik, Max Zankl / **Toi, toi, toi Records:** Peter Sebastian / **Tyrolis Musikverlag:** Duo Sunshine / **Claudia Willruth:** Horst Grewer

In den Fällen, wo die Rechte an den reproduzierten Bildvorlagen trotz aller Bemühungen nicht festzustellen waren, verpflichtet sich der Verlag, rechtmäßige Ansprüche im üblichen Rahmen abzugelten.

HEINO
WOLFGANG EDENHARDER
Gaby Albrecht
Die Nahetaler
Aus Träumen erwacht

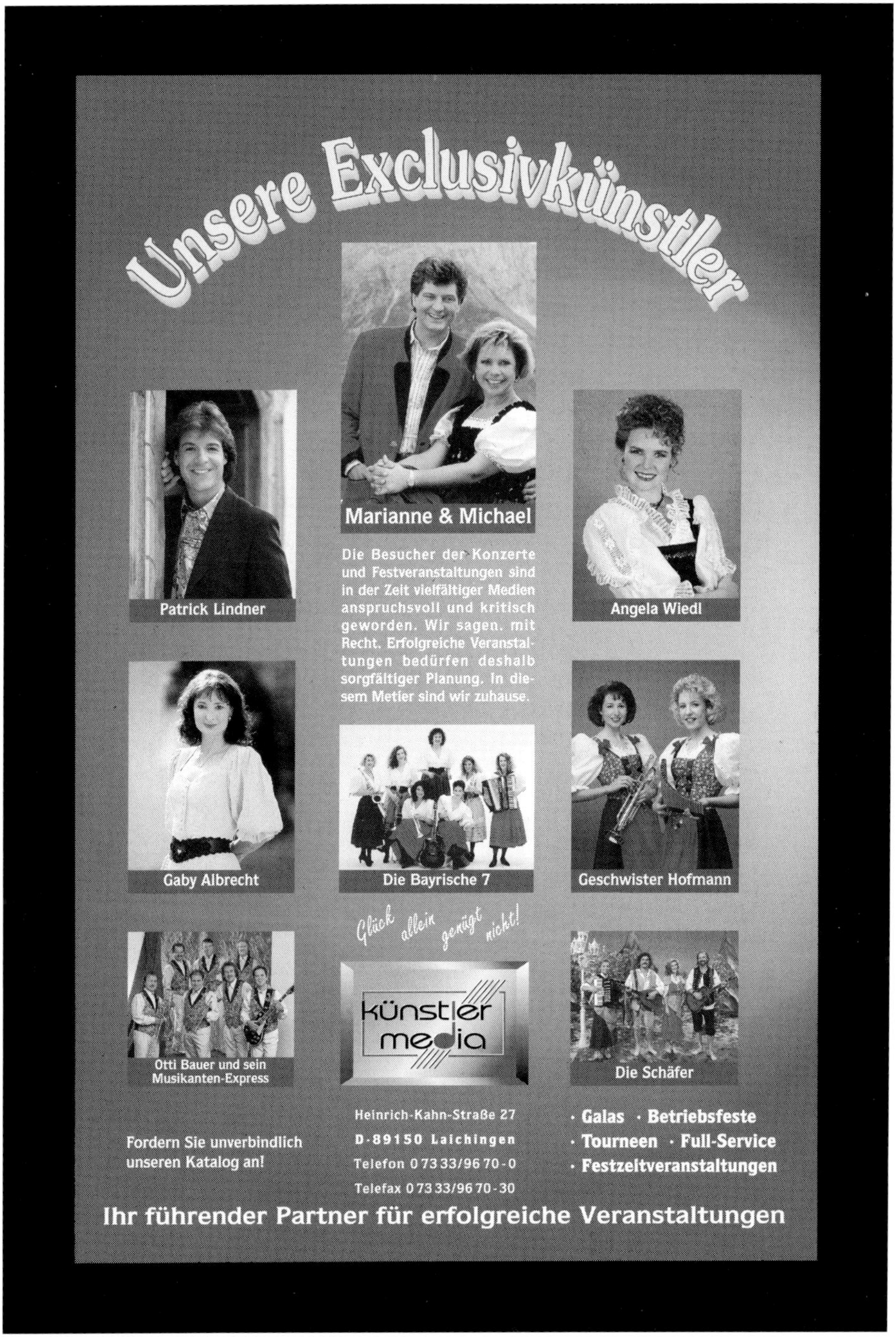

Unsere Exclusivkünstler
Marianne & Michael
Die Besucher der Konzerte und Festveranstaltungen sind in der Zeit vielfältiger Medien anspruchsvoll und kritisch geworden. Wir sagen, mit Recht. Erfolgreiche Veranstaltungen bedürfen deshalb sorgfältiger Planung. In diesem Metier sind wir zuhause.
Patrick Lindner
Angela Wiedl
Gaby Albrecht
Die Bayrische 7
Geschwister Hofmann
Glück allein genügt nicht!
Otti Bauer und sein Musikanten-Express
künstler media
Die Schäfer
Heinrich-Kahn-Straße 27
D-89150 Laichingen
Telefon 07333/9670-0
Telefax 07333/9670-30
Fordern Sie unverbindlich unseren Katalog an!
· Galas · Betriebsfeste
· Tourneen · Full-Service
· Festzeltveranstaltungen
Ihr führender Partner für erfolgreiche Veranstaltungen

DIE STUFEN ZUM ERFOLG
PETER BUCHMANN
Musikanten
Das SUPER FESTIVAL DER VOLKSMUSIK
STEINER'S Musikantenfest mit Gerda & Peter Steiner
Frühlingsfest der Volksmusik mit Carmen Nebel
Die Kastelruther Spatzen
Weihnachten mit Dir
KÖNIGE der VOLKSMUSIK
Die Heimatmelodie
PATRICK LINDNER
Karl Moik mit seinem Musikantenstadl
Meine Melodie mit Ramona Leiß
Nockalm Quintett Die Romantiker der Volksmusik
DIE GOLDENE Evergreen HITPARADE
ALPENLÄNDISCHE Weihnacht
Schlagernacht des Jahres
pallas CONCERT GASTSPIEL GMBH
GLOCKENSTRASSE 11
91166 GEORGENSGMÜND
TELEFON (091 72) 69770
TELEFAX (091 72) 697770

Fred Bertelmann
Der lachende Vagabund
Verlag Michael Jung

Die Wildecker Herzbuben: Herzilein

Ein Porträt mit vielen Fotos

104 Seiten, broschiert, ISBN 3-929596-25-3, DM 19,80

Das Volksmusik-Duo ist von der Erfolgsstatistik eine absolute Ausnahmeerscheinung. Musik zu machen, die Menschen verbindet, sie zueinander führt und die schönen Seiten des Lebens genießen läßt, das ist erklärtes Ziel der Wildecker Herzbuben. Herz ist Trumpf in ihrem Leben, in ihren Liedern und jetzt auch in ihrem Buch.